美丽兴华

中共扬中市三茅街道兴华村委员会
扬中市三茅街道兴华村村民委员会 编

主编　郑叔裔

江苏大学出版社
JIANGSU UNIVERSITY PRESS
镇　江

图书在版编目（CIP）数据

美丽兴华 / 中共扬中市三茅街道兴华村委员会，扬中市三茅街道兴华村村民委员会编；郑叔裔主编 . -- 镇江：江苏大学出版社，2022. 12
ISBN 978-7-5684-1903-1

Ⅰ . ①美… Ⅱ . ①中… ②扬… ③郑… Ⅲ . ①村史—扬中 Ⅳ . ① K295.35

中国版本图书馆 CIP 数据核字 (2022) 第 249142 号

美丽兴华
Meili Xinghua

编　　者 / 中共扬中市三茅街道兴华村委员会
　　　　　扬中市三茅街道兴华村村民委员会
主　　编 / 郑叔裔
责任编辑 / 张　平
出版发行 / 江苏大学出版社
地　　址 / 江苏省镇江市京口区学府路 301 号（邮编：212013）
电　　话 / 0511-84446464（传真）
网　　址 / http://press.ujs.edu.cn
排　　版 / 江苏扬中印刷有限公司
印　　刷 / 江苏扬中印刷有限公司
开　　本 / 710mm × 1 000mm　1/16
印　　张 / 16.75
字　　数 / 180 千字　插页 32
版　　次 / 2022 年 12 月第 1 版
印　　次 / 2022 年 12 月第 1 次印刷
书　　号 / ISBN 978-7-5684-1903-1
定　　价 / 58.00 元

如有印装质量问题请与本社营销部联系（电话：0511-84440882）

《美丽兴华》编委会

2022 年兴华村全体工作人员

黄长军同志近照

丁基彬同志近照

《美丽兴华》主编和执行副主编在一起

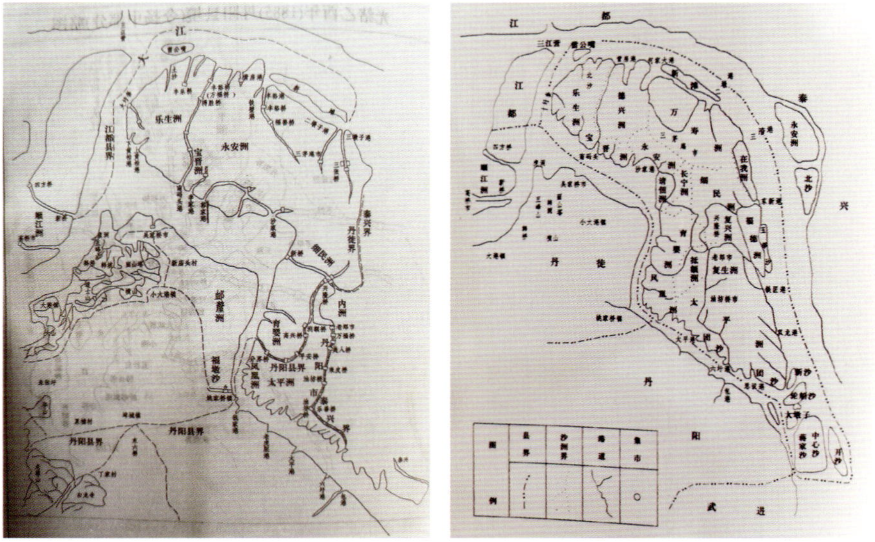

宣统三年（1911）太平县各洲分布示意图

2010－2012年度
江苏省文明村
Civilized Village in Jiangsu Province
江苏省精神文明建设指导委员会
JIANGSU PROVINCIAL STEERING COMMITTEE
FOR IDEOLOGICAL AND ETHICAL ADVANCEMENT

江苏省文明村
江苏省精神文明建设指导委员会
2016年9月

2012-2014年度
文明村
中共镇江市委
镇江市人民政府

兴华村荣誉榜（一）

江苏省卫生村
江苏省爱国卫生运动委员会办公室
二00八年十月

江 苏 省
民主法治示范村
江苏省依法治省领导小组
2016年11月

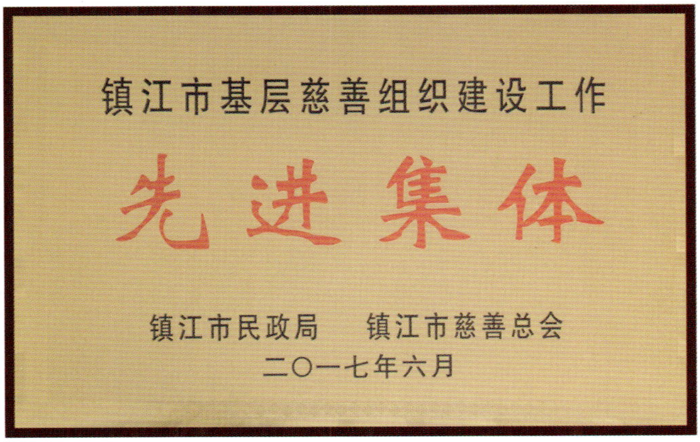
镇江市基层慈善组织建设工作
先进集体
镇江市民政局 镇江市慈善总会
二〇一七年六月

兴华村荣誉榜（二）

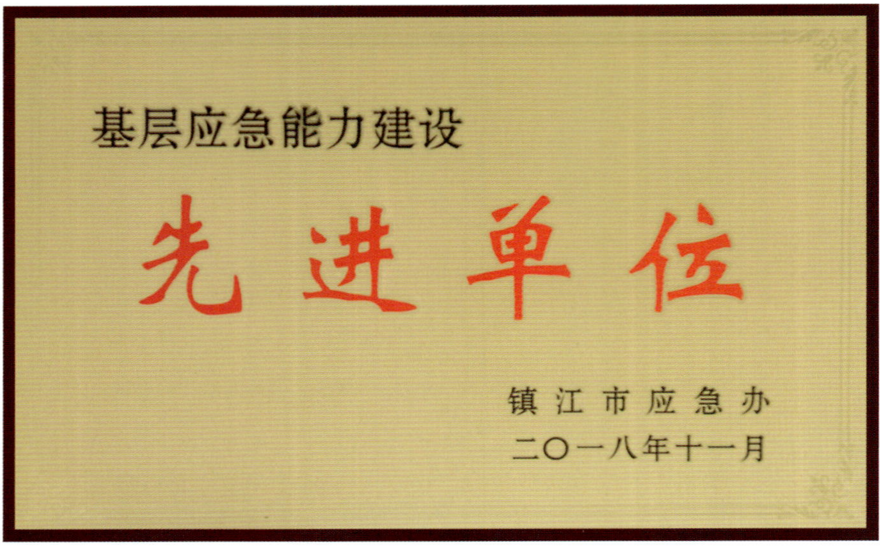

兴华村荣誉榜（三）

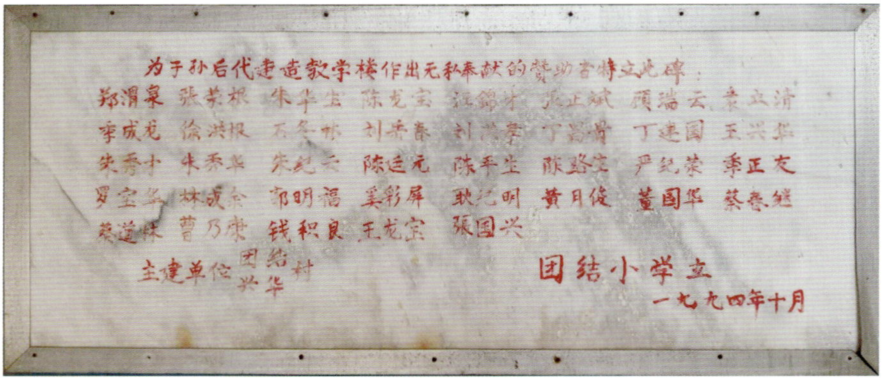

团结小学教学楼建造赞助者功德碑

兴华村区域图

兴华村大舞台

兴华村新办公楼

兴华村卫生室

兴华村鸟瞰图

兴华新村鸟瞰图

2021 年 2 月兴华村干群核酸检测现场

2022 年兴华村干群同心协力抗疫现场

兴华村卫生室内景

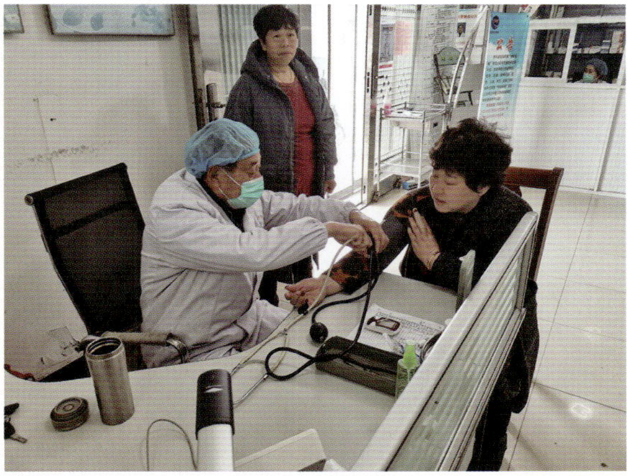

兴华村卫生室日常工作

2020 年疫情期间兴华村村干部、志愿者在卡口夜间值岗

兴华村村干部深入基层宣传抗疫

二墩港闸站

改造后的三墩港闸站

改造后的团结电站

改造后的兴华电站

圩内小型电站和定型沟

昔日的二墩港码头

新扬高汽渡门楼

新扬高汽渡渡口

小夹江遗址现状

改造后的三墩港

社会主义核心价值观文化墙

兴华村赋

文明新风宣传长廊

金山职业技术学院

扬中市第二高级中学

庆祝中华人民共和国成立七十周年文娱晚会
兴华村村干部和全体演职人员合影

兴华村村民在现场观看演出

江苏南方集团

扬中市美达电力器材配件有限公司

中保机电设备有限公司

惠康机电成套有限公司

新常态农庄

兴华村部分驻村企业

时文亮同志与夫人莫元贞近照

王月珍同志近照

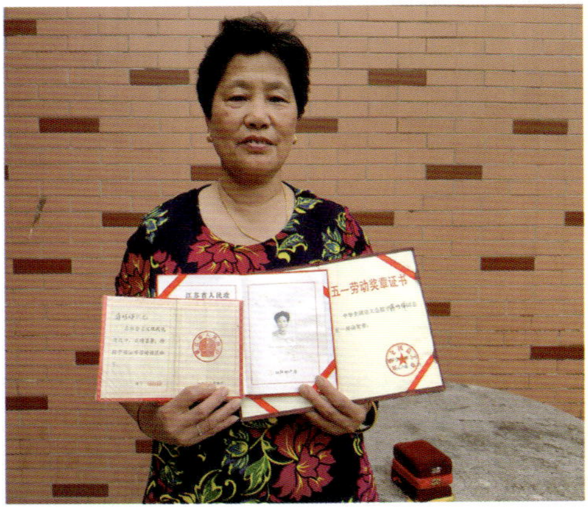

蒋巧娣同志近照

朱纪云同志近照

朱纪云出席全国人民代表大会期间与全国工商联领导合影

王龙保同志工作近照

张慧同志工作近照

杨恒龙编织花篮

兴华村乡贤会会长袁立清在大会上发言

徐红根同志近照

朱新同志近照

刘纪宏同志近照

郭俊伟同志近照

纪念中华人民共和国成立七十周年兴华村五好文明家庭颁奖现场

陈平生同志在颁奖台上

兴华村民居

20世纪中叶兴华村民居

20世纪90年代兴华村民居客厅

20 世纪 70 年代兴华村民居

20 世纪 80 年代兴华村民居

原团结村办公室

原兴华村办公室

郑渭泉先生青年照

朱春章先生和夫人朱月桂像

施正春同志像

潘圣龙同志像

序

一本《美丽兴华》的书稿放在面前，邀我作序，我颇感意外。我知道，凡作序者，多为两类人，或位高权重，或德高望重，我则均不沾边。欣慰的是，蒙组织安排，我曾兼任过兴华村党委书记，与全村 90 多位党员、18 位村民组长、众多有能有为的企业家和可亲可敬的大爷大妈们一起生活，一起工作，一起建设美丽兴华。三年时间虽短，然情深意长，我把自己融入了兴华这个大家庭，深爱着兴华这片充满希望与智慧的热土。对于书中所记载的人和事，我大多知晓，也比较熟悉，阅读此书，自然感触良多。

兴华，经济发展的前沿

全村经济发达，有驻村企业 21 家（其中以南方集团为龙头的规模以上企业 4 家），年产值达 3.4 亿元。筑巢引凤、盘活存量资产、厂房租赁等，使兴华村集体收入稳定，逐年增长；土地流转，引入市城投公司，共同建成生态林，拓展就业渠道，让村民人均收入逐年增加，生活质量进一步提高。

兴华，生态宜居的福地

东临万里长江，因水而名，因水而美。近 2000 米的长江黄金水道，让兴华拥有得天独厚的水源优势；G523国道穿村而过，使兴华人交通出行极为便利；这里还拥有扬中唯一的一级饮用水源保护区、雄伟壮观的二墩港大闸和生态红线保护区。勤劳善良的兴华人倚江而居，全面实施长江生态保护、美丽宜居乡村、生态复垦、“五水联治”等工程，新建的“碳汇林”基地和沿江百亩生态林，与沿江生态廊道、新常态农庄、亮丽二墩港连片成景。放眼兴华，郁郁葱葱，水清河晏，万紫千红，现代农业、田园社区融为一体，绘就了农村优美人居环境的新画卷。

兴华，崇文重教的沃土

崇文尊师是兴华人的优良传统。新中国成立初期，全市慈善楷模郑渭泉老人就个人出资创办三星小学，办夜校，扫文盲，为重教兴村奠定了坚实基础。迄今，全村500多户农家哺育了近百位优秀人才；江苏省扬中中等专业学校、金山职业技术学院、扬中市第二高级中学亦先后坐落于此，让兴华更富人文气息，更具独特魅力。

兴华，文明大爱的港湾

2017年“11·8”塌江时，兴华干群主动参战，抢险救灾；2020年新春，兴华干群团结抗疫、数月奋战、奏响凯歌；每年大汛期间，兴华干群坐镇江边、昼夜防洪、守护家园、风雨无阻。党员干部积极带头，志愿者踊跃参加，情景历历在目，场面令人难忘。更有以袁立清、徐红根、陈平生、高国庆、刘纪宏等为代表的几十位兴华乡贤情系公益、大爱无疆，回报社会，筹集善款50多万元，资助困难户，使每一位兴华人感受浓浓乡情；人社协理员张慧瘦弱坚强，她主动捐献造血干细胞的无私大爱，让兴华人多了一份自豪与骄傲。

兴华人用自己勤劳的双手，建设美好的家园，对兴华充满了浓浓的情、深深的爱。美丽兴华是弘扬中华优秀文化、传承中华传统美德的成果，也是践行社会主义核心价值观、开展新时代文明实践的收获。可以肯定，兴华村在此基础上一定会发生更新、更快的变化，兴华人的明天一定更加美好！

耄耋老人郑叔裔和老干部奚彩屏等人急公好义，不辞劳苦，尽心尽力，无私奉献，历时近两年，终成此书，其善举济世的传统美德和高尚情操令人敬仰。这本书既有历史，又有当下；既有拳拳乡愁，又有红色故事；既有本村骄子，又有外来豪杰。可以说，这是一本记述真实的兴华村史，是一部弥足珍贵的乡土教材，是一份足以传世的宝贵财富。

美丽兴华，实至名归！

林晓宁*

2020年12月16日

*作者系扬中市三茅街道办事处副主任。

《美丽兴华》诗序

美丽兴华欣问世，百年村史尽斑斓。
乡贤义举传佳话，模范行为化美谈。
文化兴村开大步，家园建设亮光环。
手持彩笔勤捋袖，强富美高在眼前。

兴华村党委书记　黄长军
兴华村村委会主任　丁基彬

2022 年 10 月

望海潮·二墩港风光

郑叔裔

大江东去，直奔沧海，水天一色茫茫。百舸争流，贤能掌舵，五湖四海通航。举目望西江，万吨货轮泊，起吊繁忙。天堑虹桥，泰扬通道，世无双。

蒹葭堤外苍苍。堤内农庄倩，果硕花香。岳帅[(1)]当年，柴墟口岸，小沙南指鞭扬。陈帅[(2)]智能强。北渡长江过，跳板诗昂。美丽兴华胜境，文史更风光。

注：（1）岳帅即南宋抗金名将岳飞。

（2）陈帅即陈毅元帅。1939 年 4 月中旬，陈毅同志首次从苏南经扬中二墩港（兴华村境内）北渡长江，谋划抗日，并赋诗一首，把扬中誉为“江心跳板”。

兴华村赋

郑叔裔

地处江洲脊梁兮，东临万里长江。
登上堤顶公路兮，可观喷薄朝阳。
二墩港闸雄伟兮，扬高汽渡轩昂。
百亩退农还林兮，沿江文旅观光。
一级水源保护兮，饮用水质保障。
生态环境优美兮，天蓝水碧花香。
村域企业兴旺兮，产值逐年上扬。
南方美达领头兮，诚信美誉有榜。
农业示范基地兮，千亩稻谷金黄。
金山学院二中兮，琅琅书声传扬。
医疗服务周到兮，村民人人健康。
复垦集中居住兮，家家别墅楼房。
兴锦道路拓宽兮，条条路灯通亮。
法治文化惠民兮，平安和谐村庄。
两委干部勤廉兮，战斗堡垒坚强。
为民办好实事兮，百姓拥护夸奖。

美哉！壮哉！声名远扬。
览兴华成就兮，喜气洋洋。
展望新的时代兮，又挂云帆起航。
任凭风吹浪打兮，意志坚定如钢。
强富美高蓝图兮，挂在人民心上。
干群同心勠力兮，再创兴华辉煌。

（仿曹植《铜雀台赋》）

凡例

本书于 2018 年 10 月由老教师郑叔裔和老干部奚彩屏主动请缨义务编写，编写目的是存史教化育人，向中国共产党成立 100 周年献礼。后因村主要干部调动频繁和疫情发生而延迟。

本书是一本以散文为主体、诗词为次的史料性图书，具有一定的史料价值。内容上自清末民初地域形成，下限原止于 2021 年 6 月，后延至 2022 年 12 月。

书中的“解放前”“解放后”指 1949 年 4 月 22 日扬中解放前、扬中解放后。

本书用词造句根据现代汉语语法规则，原则上不用繁体字，不用文言文。

有关企业名称和道路名称根据时代变迁和发展升格而变动。如“江苏南方集团”初名“扬中县矿用器材厂”，后升格为“镇江市南方矿用电器有限公司”，现升格为“江苏南方集团”；原“三二公路”先升格为“231 省道”，2018 年升格为“G523 国道”。

大事记根据史书传统放在后面，以编年体为主，适当采用记事本末体。

本书“人物风采”一章所载人物为健在人物，“美名千古”一章所载人物为已故人物。

目　录

第一章　简明村史

三茅街道兴华村位于扬中市东北部，是扬中的北大门，是扬中人民对外交往的重要窗口。地域面积为2平方公里，现有可耕地面积849亩，水域面积60亩。下辖18个村民小组，共584户，总人口2612人，另有流动人口200余人。南方矿用集团、中保机电、美达电器等21家企业落户兴华。年工农业总产值超过4亿元，人均收入达3.5万元，拥有集体资产2000多万元。两个居民点上的别墅琼楼和自然埭上的花园洋房仿佛在自豪地宣告：兴华人早已步入小康。

从市区延伸过来的G523国道与238省道交汇，向北和扬高汽渡衔接。渡口的繁忙和国道上的车水马龙承载着兴华人民对"两个一百年"奋斗目标的期望；扬中的高等学府金山学院和市第二高级中学，两个园林式的学校在国道东侧互相媲美，相映生辉；南方集团、钢材市场在国道西侧并肩而立，彰显着兴华企业的辉煌；村办大楼上两块大匾额，横书着"党群服务中心”“新时代文明实践站”，展示着兴华村村“两委”对新时代新作为的使命担当。社区卫生服务中心全力呵护着村民的健康。不远处，经过维修的二墩港老闸犹如小家碧玉亭亭玉立，后建的二墩港闸站恰似大家闺秀端坐港上，履行着抗洪排涝的职责。坐落在兴华4组长江边的金州水务公司，绿树成荫，繁花似锦，宛如美丽的少女在水边浣纱，更像一位慈爱的母亲，把自己的乳汁源源不断地提供给扬中人民。

兴华村地处江洲脊梁，东临万里长江，北隔二墩港与友好村为邻，东隔三墩港和指南村相望，南近238省道与民主村接壤。环境优美，交通便捷，是理想的宜居乡村。

兴华村属北亚热带南部季风气候，具有四季分明的特点。常年雨量充沛，霜雪期短，光照充足，热能资源丰富，与城区相比，还具有江风多、湿度大、温差小、空气质量更好的优势。

兴华村先后被授予江苏省文明村、江苏省民主法治示范村、江苏省卫生村，以及镇江、扬中两市和三茅街道多项荣誉称号。

第一节　地域形成

东晋时期，扬中地域始有小沙露出水面，经过隋唐和宋元明清的千年积淀，大大小小的沙洲相连成片，最大的叫太平洲。到清末民初，滚滚东流的长江从上游夹带的大量泥沙进入圌山东面的三江营后，因水流减速进一步沉淀淤积并逐步露出水面，在万寿洲的东北侧形成一块新的沙滩，名为新滩，又名板儿沙。它上起何家大港通江口，下到原板沙村的最南端。自然形成的一条狭长的水带，使新滩与老洲（万寿洲）相隔，在板儿沙中部的二墩港和三墩港之间的一片沙滩，即为今兴华村的地域。

沙滩形成后，大江南北的贫苦农民和部分老洲上的农民纷纷前来围滩造田、开河筑堤、结草为庐、兴建家园。到民国初年，村落形成。人们根据村落的区位、地势和对美好生活的向往，分别予以取名。

原团结 1—2 组，农户来自各地，姓氏多杂，取名百姓圩，新中国成立后，更名为永胜圩。5—6 组取大道生财之意为生字圩。7—9 组前为三星圩，后为高照圩。3—4 组是 1951 年由扬中县人民政府组织发动各地移民围垦而建，取名团结圩。

原兴华1—4组取名母字圩，团结人习惯称之为老圩；5组为新圩，新中国成立前编在第二保，指南人称之为北挂耳；6组秦姓偏多，取名为秦小圩；7—8组取“厚德载物”的首字为厚字圩；9组取名才字圩，才字圩附近住着从丹阳迁徙而来的一户吴姓人家，故称吴家圩，又称吴家墩子；从今二墩港的兴华电站到厚字圩北端的木箱厂，原为一块无人居住的长方形高圩，取名长兴圩。

据91岁的上寿老人李全本和86岁的耄耋老人汪景泉回忆，他们的父辈在1914年左右从丹徒的姚桥迁到三星圩定居，由此可知，至2022年兴华村三星圩至少已有105年的历史；奚彩屏据其母亲生前的说法推算，加上多方面的考证，认为兴华村母字圩有120年左右的历史。

第二节 历史沿革

1928年（民国十七年），清末民初形成的新滩（板儿沙）移民增多，村落形成，国民党扬中县政府在板儿沙始设北固乡。先后任命黄南甫、袁成林、李元亨、刘友松、杜祥友为乡长，其中袁成林、李元亨、刘友松三人系今兴华村人。他们的后人虽然历经时代变迁和风云变幻，但是始终坚守在兴华这块热土上，为家乡的建设发展贡献自己的青春、智慧和力量，有的加入了中国共产党，有的成为国家干部。

当年，今兴华村的生字圩、秦小圩、北挂耳（新圩）、厚字圩编在第二保（和今指南村的道字圩、福字圩等几个圩在一起），保长先后由袁成林、朱长庚、张大松担任；今兴华村的百姓圩（永胜圩），三星圩、母字圩、才字圩、吴家圩编为第三保，保长先后由李元亨、朱锦寿担任。

1932 年（民国二十一年），国民党扬中县政府设第一区（三茅地区），今兴华村属第一区，保甲不变。

1934 年（民国二十三年），国民党扬中县政府设新坝、油坊两大区署，今兴华村属新坝区署，保甲不变。

1947 年（民国三十六年），国民党扬中县政府将钟灵、毓秀两个乡并入北固乡，改称北屏乡。杜祥友任乡长，今兴华村属北屏乡。

1949 年 4 月 22 日，扬中解放。

1950 年 1 月 5 日，扬中县人民政府废除乡以下的保甲制，改建村组制。在北屏乡二墩港以东增设板沙乡，乡政府初驻杜三庄房，后迁至王氏庄房（即板沙乡供应站，指南村 6 组地界），板沙乡初辖 5 个村。今兴华村的 10—18 组为 4 村，村长陈安堂，农会主任魏清泉。1—2 组、5—9 组为 5 村，村长王宪章，农会主任冯太根。

1951 年，围垦的团结圩（今兴华 3—4 组）和今指南村的胜利圩（15—16 组）编为板沙乡第 6 村。

1953 年，各村一律改为选区。

1954 年下半年，各选区普遍成立互助组。

1955 年，初级农业生产合作社成立，团结圩和指南村的胜利圩成立益民初级社，社长黄锦根（今指南村人），副社长王玉芳（今兴华村 4 组人）。

百姓圩（永胜圩）初级社，社长钱如万，会计邹全喜。

三星圩初级社，社长潘永志，会计汪景泉。

生字圩初级社，社长施正春，会计王明山。

今兴华村 10—18 组成立的初级社，经李跃南提议取名兴华初级社（寓振兴中华之意），社长张明龙，主办会计柏沂臣，出纳会计李跃南。

1956 年，扬中县人民政府进行第二次区划调整，把板沙乡并入大众乡，乡政府驻原河南村地藏王庙。

是年，指南高级农业生产合作社成立。今兴华（1—9 组）4 个自然隶属指南高级社，社长（主任）施正春，会计汪景泉。指南高级社曾属板沙农场管辖。

1958 年 10 月 26 日，三茅人民公社成立。

1959 年 4 月 1 日，今兴华（1—9 组）4 个自然埭从指南高级社划出，和兴华初级社合并，成立兴华管理区。书记潘圣龙，主任顾其凤，会计汪景泉。

1961 年，兴华管理区改称兴华大队。书记潘圣龙，主任顾其凤，会计汪景泉。

1962 年，兴华大队一分为二，今 1—9 组成立团结大队。书记施正春，主任潘圣龙，会计汪景泉。今 10—18 组仍为兴华大队。书记顾其凤，主任朱锦桐，会计严桂宽。

1965 年夏，三茅公社东片成立大众人民公社。团结大队和兴华大队均属大众人民公社管辖。

1972 年春，大众人民公社和三茅人民公社合并，重组三茅人民公社，团结、兴华两个大队隶属三茅公社。

1983 年 3 月 11 日，江苏实行市管县体制，成立乡镇人民政府，取代人民公社的行政权。团结大队和兴华大队同时改为村民委员会，各生产小队改为村民小组，属三茅乡管辖。

1993 年 9 月，三茅乡与三茅镇合并，团结村和兴华村属三茅镇管辖。

2001 年，三茅镇和丰裕镇合并，重组为三茅镇，团结村和兴华村合并为兴华村。书记朱秀才，行政召集人顾瑞云，村长钱积良，会计严纪荣。兴华村属三茅镇管辖。

2005年，三茅镇与兴隆镇重组三茅镇。兴华村隶属关系不变。

2011年10月，扬中市正式撤销三茅镇，设立三茅街道办事处。兴华村属三茅街道办事处管辖。

第二章　奋进之歌

第一节　农业生产

兴华人来自大江南北、四面八方。他们为了谋求生存和创造美好的生活，来到扬中，聚居兴华，很快融为一体，不但成为邻居，有的还成为朋友、结成亲戚。可贵的是，他们身上都有一种“穷则思变，自强不息”的精神。他们打破“日出而作，日落而归”的常规，起早带晚，披星戴月，在沙田里辛勤劳作，耕耘播种，种麦插秧……但新中国成立前，生产关系封建腐朽，生产方式陈旧落后，加上各种自然灾害的侵袭，粮食产量很低，有时还会颗粒无收。多数人家又是佃农，既要纳税还要缴租，只能过着衣衫褴褛、食不果腹的生活。

1949 年，扬中解放。1950 年，实行土地改革。遵照《中华人民共和国土地改革法》，兴华地区按人口平均分配土地，出田户人均1亩，进田户人均9分，调动了农民的生产积极性，促进了生产力的发展，保证了粮食产量的不断提高。

但是，以私有制为基础的小农经济，生产规模小，力量薄弱，无力抵抗较大的自然灾害。经过1954年夏天的水灾之后，部分贫苦农民无力维持生活，不得已出卖土地，农村又出现了贫富两极分化的现象。扬中县委和县人民政府派干部到兴华蹲点，大力宣传“小农经济是三月桃花一时红，风吹雨打一场空”的道理，号召农民组织起来，走集体富裕的道路。

1955年，兴华初级农业生产合作社成立，辖今10—18组。初级社实行：①土地入股，统一经营，按比例分配，土地分红占40%，劳力分配占60%，社员保留对土地的所有权。②大型生产资料如水车、耕牛可入股分红，也可作为投资付息；小型生产资料如钉耙、锄头等农具，社员拥有自主权。这样一来，社员心里安定，集体生产稳定，人民生活水平逐年提高。

1958年，“大跃进”开始，人民公社相继成立。1959年4月，今兴华村的永胜圩、团结圩、生字圩、三星圩（即今1—9组）从指南高级社划出，和兴华初级社合并，成立三茅公社兴华管理区（1961年更名兴华大队）。

人民公社成立初期，刮起了“一平二调”的共产风和虚报产量的浮夸风，挫伤了农民的生产积极性，农业生产遭到严重的破坏，再加上1959—1961年，连续三年经济困难，粮食大幅度减产，兴华农民口粮紧缺，生活艰难。

1962年党中央及时制定了农村工作“六十条”，规定“三级所有，队为基础”。兴华大队此时一分为二，1—9组新组团结大队，10—18组仍为兴华大队。从此，两个兄弟大队比翼齐飞，在上级党委和政府的领导下，坚决贯彻“调整、巩固、充实、提高”的八字方针。全面动员，大办农业，确认生产队是基本核算单位，确保生产队的自主权，强调按劳分配，农业生产得到恢复和发展。1966年，粮食比1956年增产60%以上，亩产超过了千斤。

两个大队同时对耕作方法和耕作制度进行了一系列的改革。20世纪60年代后期到70年代中期，推行薄片深翻、挖暗排水沟（暗墒沟）、拉绳定点栽秧等。“农业学大寨”期间，又把两熟制改为三熟制，推广种植双季稻（1984年恢复两熟制）。1975年，推广湖南华容经验，成立农科队，种植试验田，以点带面，促进大面积丰收。在耕作、收割、脱粒等方面逐步实现机械化，机耕取代牛耕，机械收割取代人工收割。

中共十一届三中全会以后，两个大队认真落实党在农村的各项经济政策，恢复农民生产经营交换的自主权，充分调动农民的生产积极性。

1982 年，全面实行家庭联产承包责任制，农业生产进一步发展，粮食产量稳定持续增长。

1996 年，根据上级指示精神，结合农户的人口变化、劳动力的增减等实际情况，对各户的承包土地和口粮田做了一次重大的调整。

1998 年，扬中市人民政府根据《中华人民共和国土地承包法》的有关条款，给所有承包土地的农户签发了农村土地承包经营权证，30 年不变。

2001 年，团结、兴华两村合并，重组兴华村，分开 39 年的兄弟又同归一个家庭，久别重逢的喜悦难以言表。群众欢欣鼓舞，干部同心协力，为兴华村描绘了更加美好的蓝图。并村后的第一件事，是在全村年收入只有 20 多万元的情况下，通过开源节流、盘活存量资产，用 3 年的时间还清了 100 多万元的债务。

兴华村村“两委”坚持以民为本，千方百计惠及“三农”。主要业绩如下。

第一，配备专业干部和技术人员，指导农户科学种田，适时治虫，适当施肥……

第二，多方筹集资金，投资 120 多万元重新修建原团结排灌站和原兴华村排灌站，更新设备、增强排灌功能。同时，在扬中市农委和水利局的支持配合下，为各村民小组修建泵站和硬质水泥渠道，以便排灌，确保农户旱涝保收。

第三，投资30多万元购买4台插秧机、2台大型拖拉机等农业机械，免费为农户耕田、耙田和插秧。

第四，坚持“六个统一”规范农业经营：（1）统一品种育秧；（2）统一机耕机插秧；（3）统一配方施肥；（4）统一灌溉农田；（5）统一病虫害防治；（6）统一机械收割。

第五，引导和鼓励农户通过土地流转实现规模经营和农业产业化。

2012年，村“两委”出面联系把第一、第二两个村民小组的200多亩农田流转租给朱卫东经营，创办新常态农庄；接着又把其他几个村民小组的200多亩农田转包给种粮大户。2020年秋季，兴华村的农田绝大部分都转包给了种粮大户。

通过土地流转实施规模经营，既能确保农户的农业收入，又能使农户从事其他行业，获得更多的收益。

第二节 副业回眸

(一)

兴华人民一向以农耕为主，但又对饲养家畜家禽、栽桑养蚕、编织芦柳竹、河塘养鱼等全面兼顾。新中国成立后，扬中曾有农林牧副渔五业的分类，一度把工业和农业以外的经营称为“多种经营”。而兴华人民则一直把农业以外的经营统称为“副业”。

副业有家庭和集体之分，是农业的重要辅助，也是家庭和集体的重要经济来源。

改革开放以前，在兴华，养鸡养鸭养鹅，基本上普及家家户户。贫困的人家会养一些鸡鸭，生的蛋拿到集市上去卖，用卖蛋的钱买油盐，贴补家庭开支。比较富裕的人家，鸡蛋鸭蛋除出售外，也会留些给自己，以滋补身体。兴华人特别好客，一旦客人来到，会立即上灶煎上三只蛋，送到客厅间，作为欢迎客人的礼俗。客人也很客气，注重文明礼节，一般只肯吃一只，在主人的盛情劝说下，最多吃两只，其余的留给主人家的小孩或老人吃。

至于养猪养羊，特别是养猪，尽管经济效益不是很高，但种田农户家家皆养，说“养猪不赚钱，回头看看田。种田不养猪，好比秀才不读书”。因为，养猪所得的猪灰猪粪是确保庄稼丰收的上好肥料。

一些富有养猪经验的老农，常年养一头或两头母猪，生下的猪崽养成苗猪后，用小猪篮运到苗猪市场出售，收入颇丰。

高级社和人民公社时期，各个生产队集体养猪，建有简易养猪场，配有专职饲养员，养猪头数都在 20 头左右，收入归生产队集体所有，年终根据按劳分配原则把猪分配给社员。

1981 年，各公社成立沼气办公室，免费为养猪农户供应黄沙水泥和钢筋，并派专职瓦工帮助各户建好沼气池，猪粪所产沼气能作燃气煮饭，又能点灯照明，经过沤制发酵的粪肥，肥效更高。在调整划分自留地、饲料地和生产用地时，政策还规定给建沼气池的农户多分 10 平方米的生产用地。

兴华人酷爱劳动又善于动脑。新中国成立前后，不少农家会在家前屋后的零星高地栽桑养蚕。例如 20 世纪 50 年代，兴华 15 组的秦茂松老人曾说：“栽竹养鱼千倍利，不及养蚕 40 天。”他家有 3 分左右的高田，栽有几十株桑树，完全是自己栽培、嫁接、修剪、施肥的，枝繁叶茂。春天一到，他就到三茅蚕种场买回蚕种，用蚕匾精心养护，幼蚕出生后，把采摘的鲜嫩桑叶用刀切细切碎，小心饲喂。待到蚕子大眠之后，把它们全部捉放到事先扎好的草龙上，名曰“让蚕上山，吐丝结茧”。茧成之后，秦老用箩担把洁白如雪的椭圆形的蚕茧挑到中八桥茧行出售，换成钞票。那种丰收的喜悦，溢于言表。

人民公社时期，集体养蚕，老兴华的副业组远近闻名。20 世纪 60 年代末，由于扬中县人民政府的重视和支持，扬中的蚕桑生产发展很快，势头良好。1968 年，三茅缫丝厂应运而生。兴华大队审时度势，抓住机遇，把原来地势偏高不适宜种植水稻的长兴圩改为桑田，由副业组长秦恒才、会计耿龙春负责管理栽桑 70 多亩。尔后，副业主任朱向林兼任组长，柏沂臣任会计，具有养蚕经验的肖文开为技术员，从各生产队抽调 1~2 名精干的社员参加，并把大队办公室的 3 间麦草屋腾出来作为养蚕室，摆放蚕匾。幼蚕长大后，分匾饲养，地方不够，蚕匾分层上架。所有人员，群策群力，辛勤劳作，晚上轮流值班，仔细观察，精喂桑叶。第一年就获得成功，平均每亩桑田养蚕产茧达 50 公斤，直售三茅缫丝厂，供其经营生丝。

兴华村副业组养蚕产茧，历时近20年，为集体经济发展做出了贡献。

（二）

兴华村濒临长江，堤外有大片江滩，盛产芦苇和杞柳。聪明的兴华人用芦苇作材料，编织建造房屋的芦篾和囤积粮食的条形窝折，不仅供应本地，还远销大江南北；用杞柳作材料编织座椅和躺椅等家具，以及各种外贸产品。改革开放后，兴华村7组村民朱康习，编窝折，打芦篾，勤劳致富。1981年，朱康习成为兴华村第一个万元户，当选扬中县第八届人大代表。

兴华村的老圩、秦小圩等几个历史较长的自然埭盛产竹子，这为专职全能的篾匠制作竹器提供了足够的原料。一些心灵手巧的农家妇女也学会了“舞青龙”的一技之长，如编织竹篮和淘箩。8组的朱彩琴和9组的朱福娣，是一对聪明能干的姐妹，她俩用竹篾编织的菜篮子精致美观、经久耐用，经常会被送到二墩港码头和对岸的高港码头销售。商贾、旅客纷纷购买，供不应求。在三年经济困难时期，在子女多、负担重的艰苦条件下，姐妹两家靠着编竹篮的看家本事渡过了难关，并把个个孩子都培养成才。朱福娣的长子袁立清，系南方矿用集团董事长，扬中市知名企业家；幼子袁立顺从中山大学毕业后成为国家机要部门的干部。11 组的耿太法，1962 年家中遭受火灾，所有财产全部烧光。他们夫妻俩除白天在生产队劳作外，还起早带晚，开夜工编菜篮子卖。夫妻俩不仅将三个儿子抚养成人，还为三个儿子分别砌了三间瓦平房让他们完婚。这些事迹都印证了“荒年饿不死手艺人”“万贯家财，不如薄技在身”的俗语。

在 18 村民组，以杨纪龙为代表的一些村民拥有一套精湛的竹编手艺，编织的花篮不但精致美观，而且小巧玲珑，不仅仅可以用来购物洗菜，更是馈赠亲友的最佳礼品。

（三）

1968 年开始，老兴华的第 1 生产队（简称 1 队，下同；今 10 组）、4 队（今 13 组）、5 队（今 14 组）、7 队（今 16 组）和 9 队（今 18 组），这 5 个生产队的干部社员，为改变落后面貌，建设美好家园，分别选择地势较高的地方兴建砖窑。1 队砖窑建在本队地界的二墩港内侧高地，4 队砖窑建在长兴圩南端高地，5 队和 7 队合建的砖窑在南滩，今第二高级中学校门口的停车场曾是9队的砖窑。另外，大队在二墩港内侧高地建有一座直属砖窑，朱春章为窑厂厂长。砖窑建成后，社员们挖土做坯，晾干后装进窑中，以小麦草为燃料，烧制砖头，烧好之后，上水冷却一周左右，土坯便成为青砖，即可出窑销售。每座砖窑一次（20天左右）能烧出近5万块砖头，可供两户社员各建3间五架梁平房瓦屋。1980年开始，大队还帮助直属砖窑购买平瓦机，烧制平瓦。在建筑材料紧缺的年代，这既满足了社员建房的需要，也增加了集体和社员个人的收入，提高了生活水平。

兴华干群具有清醒的头脑，有一种潜在的科学发展观。考虑到兴华地处沙滩平原，不宜长期采土烧砖，以免生态环境和土地资源遭到破坏，在大多数社员（村民）居住条件得到改善以后，从1986年开始，兴华先后关停了所有的砖窑。

（四）

河塘集体养鱼，在当时的三茅公社，团结大队是首屈一指的。今兴华村的高照圩和永胜圩之间有一条天然的大河（又称大滧），原长约600米，宽约60米，总面积达60亩左右。新中国成立后大滧曾属板沙农场，1966 年以后划归当时的团结大队。团结大队曾在大溜养蚌育珠，效益不高。后来改为养鱼，并组织了一支专业队伍，先后由戴道祥、孙明贵、左朝成、蔡宏保、陈小春等人负责，年产鲜鱼 2 万斤以上。20 世纪 60 年代末到 80 年代末的 20 年间，每到春节前的腊月二十六左右，大队便组织人员把鱼捕捞上岸，按计划供应本大队社员和三茅公社机关工作人员；另外，还满足了政府有关部委办局和其他业务单位的需要。春天一到，重新放养鱼苗，周而复始，良性循环。经济体制改革以后，不再集体养鱼，大溜先后由陈玉林、罗宝华等人承包养殖。2012 年，大溜流转给朱卫东创办的新常态农庄，继续养鱼。

（五）

地处兴华村第 1 村民小组的二墩港码头，是扬中的北大门，是扬中人民对外交往的重要窗口。民国时期码头就很繁忙，每天都有 4 班渡船满载商贾旅客开往泰兴的龙窝口，龙窝口也有 4 班渡船开过来。

码头上，有多家旅馆、饭店、茶肆，还有鱼行和肉摊。卖大饼油条的叫卖声和行人赶路的吆喝声交织在一起，此起彼伏，十分热闹，当地百姓称之为盘头街，一些文化人把它誉为扬中的西津渡。

新中国成立后，经济恢复和发展，人民生活水平提高，龙窝口码头迁至对岸的高港，航距缩短。到20世纪60年代末，渡船又从帆船改进为机动船，渡江更加快速方便。由此，商贾旅客日益增多，渡船班次增加。1971年，二墩港码头进入鼎盛时期。当时的团结大队当机立断，从所辖的9个生产队各抽调1~2名身强力壮的社员，成立二墩港服务站。他们是1队胡宏顺、2队夏发章、3队蒋万安、4队黄富年、5队顾明凤、6队张正斌、7队葛纪文、8队谭广荣、9队袁克桂和陈广贵。蒋万安、季成龙、胡宏顺先后任站长，姚纪友、胡宏顺先后任会计。

服务站的宗旨一是为南来北往的商旅服务，二是增加集体收入。服务项目是帮商旅上货、卸货和运货。上货、卸货为肩挑、手搬和杠抬，计件收费，送货用板车拉或用拖拉机运，按货件和里程收费，两者均由会计开具三茅搬运社提供的发票或三联单。收入上缴大队，服务人员工资转各人所在生产队记工，年终按工分单价结算兑现；分田到户后，直接发给本人。

1994年6月18日，扬高汽渡建成通航。2年之后，经营25年的二墩港服务站解散，但它发挥的历史作用，兴华人民永不忘怀。

1975年，团结大队购买了一艘载重10吨的机动货船，经营水上运输。陈兴福为船长，方正才为大副，戴桂章为机师，杨春龙为水手。货船为农户建房运输黄沙、水泥、石子等材料，也为各生产队从外地运回用作肥料的青草。改革开放以后，因产权制度改革，货船转给陈兴福个体经营。

第三节　教育事业

新中国成立前，兴华人一直把“一耕二读”看作人的立身之本，坚持“耕读传家”。富裕的人家长期履行“呼儿早起耕南亩，教子迟眠读夜书”；贫困的人家则恪守“宁可自己讨饭，不能让下人瞎眼（不识字）”，千方百计让自己的孩子上个学、读点书、认些字。一些有识之士自愿出资出力，办私塾开学馆；一些读书人把在私塾讲学作为职业借以谋生。

抗日战争以前，今兴华村8组的李元亨先生作为东家把门朝西的三间草屋作为校舍，聘请刘友松为塾师，教授自家子女，兼收亲邻儿童。聘金（又称学课）由东家付给。刘友松辞职后，私塾续聘耿益斋为塾师。益斋先生（今友好村人）除能教书外，还精通中医，替人把脉问病。今兴华7组汪景泉老人曾受教于他。

刘友松先生辞职后，回到今兴华村 11 组地界，在自己家里开办私塾，自任塾师，以课子孙和其他儿童。家住今兴华村 10 组的朱由山先生和家住今兴华村 16 组的陈子太先生曾先后在今兴华村 13—14 组地界办过私塾，招收学生。

私塾均为春季开学，一般在农历二月初二龙抬头那天报到上课。但东家和塾师本人要在春节前后就做好招收学生的工作，并写好关书（即契约），明确交代家长应缴的学课和供饭事宜，家长要在关书上签字或按手印，以示郑重，确保先生的生活待遇。

每个塾师可收 1~3 名寄宿生（谓之附学），附学随先生居住、吃饭，要付给先生一定的学课（后改称为学费）和常年的伙食费。

私塾的教材从启蒙的《三字经》《百家姓》《千字文》到“四书”“五经”等，根据师资水平和学生的智力而定，不强求统一。但通过描红（写粉板）、仿写、临摹练习历代名家书法是必不可少的，其训是“字为人之衣帽，为人者不可不学”。另外珠算、尺牍（应用文）也是必修课。

私塾的教学方法是因材施教，个别讲授，教会为止，无学制年限。

1934 年，洪康燮主政扬中，力行废私塾、兴学堂，增加教育经费，大力培养师资，推行义务教育，改良私塾，要求农民识字。但因日军侵略，扬中沦陷，未能进行到底。

1945 年，抗战胜利后，兴华地区原有的私塾均被废除。地方人士在三星圩东首靠近车水塘的高地上砌了 3 间草屋作为校舍，始称学堂。国民党扬中县政府委派经培训的于国仁、刘德林两位先生前来任教，于国仁兼任负责人（校长）。学堂废除旧制，启用新教材，开设国语、算术、常识、图画、唱歌等课程。国语课本里出现了“乡村好，乡村好，远处有高山，近处有小桥”的白话文，出现了狼骗小羊、猴子捞月的生动故事；算术课本里则出现了“鸡兔同笼”等计算题，以开发学生的智力。

1949 年 4 月 22 日，扬中解放。于国仁先生投笔从戎，加入中国人民解放军，刘德林先生到离家较远的西大圩天后宫等地另谋职业。兴华的学堂无人授课，百姓深感着急。家住今兴华村 8 组、在上海开办金山棉毛织造厂的郑渭泉先生闻之后专程返乡，经多方联系，特聘苏北刁铺的凌庆升、陆潞洲两位先生跨江来教，并把学堂按所在地点定名为三星小学。先生的生活待遇，仍采取传统的供饭制和学课制。由于新中国刚刚成立，百废待兴，百姓生活十分艰苦，大多数家庭交不起学课、供不了饭，先生的生活得不到保障，加上大江阻隔，交通不便，故陆潞洲先生不愿久留，辞职而去。郑渭泉先生又拜托凌庆升先生续聘刁铺的栾登铭先生继任。为确保两位先生（以下改称老师）能安心教学，郑渭泉先生主动承担了他们生活待遇中不足的部分。

1950 年，郑渭泉先生与扬中县人民政府陈忠廉副县长面商，请求把三星小学改成公立小学。陈忠廉同志当即应允，但他提出 3 个必备条件：第一，地点要适中；第二，学生要达到一定的人数，有 6 个年级；第三，校舍要有瓦屋。郑渭泉先生当即表态，愿尽全力新建三星小学。于是，由郑渭泉先生出资，村长王宪章、农会主任冯太根等地方干部协力筹建，不到 2 年，10 间冷摊瓦校舍落成，黑板、课桌、铜钟、毛算盘等教学设备也做了补充和更新。陈忠廉同志一诺千金，代表扬中县人民政府批准三星小学公立，并指示文教科把凌庆升、栾登铭两位老师优先转为公办教师。紧接着，文教科又批准把朱恒龙、陈道和两位老师的一个民办初小班合并到三星小学。三星小学在板沙乡率先成为有 6 个年级、150 多名学生的全日制公办小学，连指南村和原前进村的部分学生也慕名前来就读。

新中国成立后，学校启用由人民教育出版社出版的教材，并对教材名称和部分思想内容做了更新。国语改称语文，算术改称数学，唱歌改称音乐，图画改称美术。“东方红、太阳升”的课文学生倒背如流，“共产党像太阳”的歌曲人人会唱。把学生培养成德智体美劳全面发展的革命事业接班人的教育方针，深入人心落地生根，加上教育教学方法的不断改进，三星小学为国家更为兴华村培养了不少有用的人才。

1966 年 8 月开始，三星小学更名为团结小学。

1970 年春，因其时兴华村分为团结和兴华两个大队，根据兴华大队社员的要求，兴华大队在今木箱厂所在地新建 5 间简易瓦屋校舍，创办了兴华初级小学（后发展为完小），召回在团结小学就读的学生。经上级批准，从团结小学调出郑叔裔老师兼任兴华初级小学负责人，并配备薛如贵老师任教。

1982 年，兴华小学撤并给团结小学。

1993 年，团结、兴华两个大队在县教育局的支持下，筹集资金 16 万元，为团结小学翻建了一幢坐北朝南的两层教学楼和办公楼。同时，另筹资金新建了两排东西对称的 4 间平房教室，南砌围墙开有校门，形成一个大的四合院，颇有气势。为鸣谢和表彰情系教育热心公益的社会贤达，学校于 1994 年 10 月特立功德碑一块，凡捐款达 500 元以上者，皆用红色楷书镌刻姓名：

郑渭泉　张荣根　朱华生　陈龙宝　季成龙

徐洪根　石冬林　刘岳春　朱秀才　朱秀华

朱纪云　陈庭元　罗宝华　林成余　郭明福

奚彩屏　蔡道林　曹乃康　钱积良　王龙保

汪景才　张正斌　顾瑞云　袁立清　刘美珍

丁昌贵　丁建国　王兴华　陈平生　陈路生

严纪荣　季正友　耿纪明　黄月俊　董国华

蔡春弟　张国兴

让兴华人民世世代代永远记住他们。

2003 年，为集中办学，更好地实施教育现代化，团结小学撤并给扬中市第二实验小学（后更名为南京师范大学附属小学，2020 年 11 月又更名为扬中市崇德小学）。

附一：新中国成立后三星小学（团结小学）历任校长名单（按任职先后顺序排列）

凌庆升　周秉富　严治中　董发茂　朱国兴

方宇双　夏伯先　陈永山　左成海　何广喜

王月英　张致祥　任道奎　朱思金

附二：新中国成立后在三星小学（团结小学）工作过的教职工名单（排名不分先后）

陆潞洲　栾登铭　冯欣华　张庆坤　陆纪金

马祥生　朱恒龙　陈道和　曹常山　王月英（小）
张菊芳　郑叔裔　郭德华　包桂兰　黄玉才
朱国凤　徐冠银　朱银昌　张荣芳　郭　玲
何红英　陈荣昌　陈　勇　朱林武　徐品元
左成佩　任道平　刘　斌　陈广春　高　源
田启云　张纪根　薛如贵　杜庆初　范月珍
陈纪根　陈素珍　莫智慧　夏腊云　季正友

附三：兴华小学历任负责人和校长名单

郑叔裔（1970–1971 年 任期 2 年）
瞿彩龙（1972–1973 年 任期 1 年）
郭德华（1973—1974 年 任期 1 年）
朱国凤（1974–1982 年 任期 8 年）

附四：兴华小学任职教师名单（排名不分先后）

薛如贵　刘德林　王月英（大）　朱华龙
朱纪章　黄月仙　顾祥坤　严敏华　高　源

兴华人尊师重教，不仅表现在办好全日制小学方面，对业余教育和幼儿教育也十分重视。早在新中国成立初期，兴华就利用三星小学教室和师资，在农闲季节办冬学夜校，给农民发放识字课本，扫除青壮年农民文盲，一直坚持到 1966 年。

1965 年 3 月，为解决部分贫困家庭子女无法上学的难题，兴华借用地点适中的农家客厅作教室，创办半日制的耕读小学，聘请回乡的初高中毕业生任教，每月由政府发放6~7元补贴。王月珍、郑叔裔、陈加友、赵信祥、陈广春、耿龙春、杨兰美都曾担任过兴华村的耕读教师。

农业学大寨期间，耕作制度改革，推广三熟制，种植双季稻，高照圩和永胜圩还改种过大面积的棉花，社员每天劳动的时间延长，强度增大，很多家庭无暇照看小孩。时为两个大队，两大队又分别办起幼儿班，分别聘请苏文珍、凌禾沛、朱章兰3位女知青任教，由集体补贴工资和工分。凌禾沛老师辞职后，两个幼儿班合二为一，并入团结小学，由朱章兰老师任教，直至团结小学撤并。

兴华村区位优越，环境优美，交通便捷，不仅是理想的宜居村庄，也是适合办高中和大学的好地方。

20世纪60年代中期，扬中县人民政府批准创办的新华农业高级中学就在兴华村附近。兴华村提供了6亩农田作为学生的实习基地。

1997年，扬中市职教中心电大分校（今江苏省扬中中等专业学校）从城区绿杨路搬迁到兴华村，2018年迁至新坝。

2002年，扬中市第一所高等院校——金山职业技术学院在兴华村举行奠基仪式，2004年8月竣工，

9 月面向省内外招生。

扬中市高中教育区划调整后，2015 年，扬中市第二高级中学落户兴华。

附一：扬中市第二高级中学简介

扬中市第二高级中学创办于 1958 年，是一所有着 60 多年悠久办学历史的普通高中。

学校坐落于 G523 国道与 238 省道交界处，毗邻泰州大桥，占地面积 82000 平方米，绿化面积 27552 平方米。学校现有 44 个班级，学生 1829 人，专任教师 210 人 。其中全国优秀教师 1 人，江苏省特级教师 1 人，正高级教师 1 人，镇江市学科带头人 2 人，镇江市骨干教师 7 人，镇江市教坛新秀 2 人，扬中市学科带头人 2 人，扬中市骨干教师 31 人，具有硕士学位和研究生在读的 70 人。学校以“一切为了师生的发展”为办学理念，恪守“守正创新”的校训，以“能自主，善钻研，会发展”为培养目标，以“有大德大爱的情怀，有点石成金的能力，有阳光健全的人格”为教师发展目标，积极探索“适合的教育”，坚持“依法治校、质量立校、管理强校、科研兴校”，着力提升学校的办学层次和水平，努力把学校建设成精品学校、特色学校、优质学校，走出了一条“低进优出”的育人之路。

学校先后被评为“全国青少年校园足球特色学校”“江苏省校园诗教先进单位”“镇江市首批智慧校园”“镇江市数字化校园”“镇江市教育科研先进学校”“镇江市陶行知实验学校”“扬中市人民满意学校”“扬中市十佳最美校园”“扬中市优质发展先进集体”“扬中市机器人培训基地”等。

作为全国百所德育名校，学校坚持德育为首的原则，紧紧围绕育人目标，致力于打造“诗性化德育、本土化德育、自主化德育”的“三化”教育体系，促进学生身心健康发展。学校的“三化教育”被评为“扬中市十大教育品牌”，学校依托“三化德育”，培育“三品少年”，成功申报镇江市中小学品格提升项目。学校不断深化课堂教学改革，坚持走“轻负高质”之路，积极探索以“学生、学力、学惯”为根本的“学本”教学模式，致力于打造生态课堂、诗意课堂和高效课堂，高考升学率持续走高，学业水平一次通过率高位运行。学校还注重走特色化、多样化办学之路，注重建设特色学科，在体育、音乐、摄影、书画等方面培育出一批特长生，先后有190多名学生在各级各类竞赛中获奖，并有多名学生考入北京体育大学、中央美术学院深造学习。

学校自2001年开始进行校园诗教活动，经过多年探索和实践，形成了“诗言志、诗育德、诗启智、诗怡情、诗致雅、诗健体”的诗化教育特色，2014 年成功创建镇江市首批特色学校。2015 年，学校在诗教特色的基础上结合独特的地域优势和扎实的研究基础，成功创建省级课程基地“扬子江文化综合实践课程基地”，并被评为江苏省优秀项目。2016 年，学校顺利晋升为“江苏省四星级普通高中”。

学校正以创建一流高中为目标，秉持“守正创新”的校训，齐心协力谋发展，科学规划谱新篇！

附二：金山职业技术学院简介

金山职业技术学院是江苏省人民政府批准、教育部备案的全日制普通高等职业院校，学院由国企投资兴办，公办民助，学生毕业后颁发教育部电子注册的普通高等学校毕业文凭。

◇校园优美，设施齐备

学院位于江苏镇江扬中市三茅街道兴华村。扬中市经济发达、风景秀美，是首批“国家级生态示范区”“中国工程电气岛”“省新型工业化产业示范基地”，在全国县域经济创新力评比中高居榜首。学院设有 4 个系、25 个专业；规划面积 1000 亩，一期建成 400 亩；校内实验实训室 67 个，校外实训基地 120 多个。

校园布局合理、配套齐全，学院先后被扬中市评为“文明单位”“绿化文明单位”，被省教育厅评为“全国大学英语四六级考试江苏省优秀考点”“江苏省教育工作集体”，被省教育厅、省综治办、省公安厅评为“江苏省安全文明校园”“江苏省平安校园”，被省建设厅评为“园林式单位”。

◇国企投资，公益办学

学院由国企投资，公办民助，实力雄厚，本着“泽被桑梓，惠及学子”的办学宗旨，学院投资方以天下学子都能接受高等教育为办学目标，积极创新管理体制和办学机制，严格按教育规律办学，不求任何经济回报，在同类院校中率先坚持公益办学，确保学生顺利完成学业。

◇严格管理，服务育人

学院建有一支专兼结合、爱岗敬业的双师型师资队伍，坚持“一切为学生成人负责，一切为学生成才准备，一切为师生幸福努力”的办学指导思想和以人为本的管理理念，实行行政值班制、班主任晚坐班及周末值班制，为学生排忧解难。教职工大多住校，确保能及时有效地为学生提供全方位的服务。学校管理严格规范、精细到位，教师爱岗敬业、教书育人，得到学生和家长的一致好评。

◇双证融通，专本深造

学院坚持实施“双证书”制度，注重加强计算机、英语等通用技能和专业技能的培养；为满足学生继续深造的愿望，构建了“专转本”等升学“立交桥”，组织经验丰富的教师进行辅导，升入本科院校学习的学生人数逐年增加。学院还与日本京都情报大学院大学、韩国中部大学等高校缔结友好学校，为学生毕业后出国留学打造“绿色通道”。

◇校企合作，就业通畅

学院深化校企合作，创新人才培养模式，加快工学结合，与南通四建集团、无锡小天鹅股份有限公司、江苏常发集团、大全集团、中电集团、江苏辉能电气有限公司、菲尔斯金陵大酒店、上汽集团等30多家大型企业建立校企合作关系，校企共同制订人才培养方案，采取灵活的工学交替人才培养模式，使学生在校所学能快速适应市场所需，学生毕业前带薪顶岗实习，毕业后直接成为企业技术骨干。毕业生因勤奋务实、业务过硬、表现突出，得到用人单位的广泛好评。

◇活动丰富，素质提高

学院始终弘扬“自强、明志、立德、力行”的校训，建构“知识、素质、能力”三位一体的培养平台，通过志愿服务、文化艺术体育、社会公益等活动全面提高学生素质。学院现有艺术团、书法协会、跆拳道协会、轮滑社、话剧社等学生社团30多个，学生课余活动丰富多彩。学院的学生活动主题鲜明、形式新颖、成效显著，引起了中央电视台、江苏卫视等媒体的关注，学院学生组织的爱国主义系列主题活动两次被央视《新闻联播》报道。

◇生活便利，助学无忧

学生公寓通透宽敞、布局合理、设施齐全，有空调、淋浴设施等，并接入千兆宽带网络，为学生提供了良好的学习生活环境。学院建有完善的学生资助体系，贫困学生可以通过生源地助学贷款、国家奖助学金、勤工助学、工学结合等途径获得资助，学院确保不让一名学生因家庭经济困难而失学。

第四节　医疗卫生

（一）

新中国成立前，兴华缺医少药。疟疾、天花、霍乱、白喉等多种疾病时有发生，很多贫苦农民因无钱医治，轻则致残，重则丧命。富裕人家就医也很困难，因为过路郎中不可靠，看正规的西医要到三茅镇南街的县卫生院（私办公管），而该院仅有医护人员3名、病床2张；看中医要到当铺桥西北的私人诊所请田簿泉先生把脉开方，或到葛家湾港边，呼请对岸（今友好村）的耿益斋先生摆渡过来到病人家里看病，然后由家属拿耿先生所开药方到三茅镇西街药店配药，配好后赶回家中为病人煎服，效果如何要看医生所开药方是否对症，一般一周以上方能好转。

至于伤风感冒、头痛发热或肚子疼等普通疾病只能忍受。1948年，郑渭泉先生从南屏迁住兴华后，经常从上海购买一些仁丹、八卦丹和十滴水之类的常用药品放在家里，免费赠送患者，以解燃眉之急。

对兴华人危害最大的疾病要算血吸虫病。当年兴华人由于生活在沿江地带，有50%以上的人患有血吸虫病，重者面黄肌瘦，肚子似鼓，四肢如柴，不但丧失劳动能力，还会断送性命。

新中国成立后，党和人民政府十分关心人民群众的健康，重视医疗卫生工作。1950年8月，扬中县血吸虫防治站（1958年改称防疫站）成立，培养血防干部和医务人员到兴华江滩查螺灭螺，加强粪缸管理，动员群众搭棚加盖，远离水源；给每家每人发放绿瓷缸，采集粪便，集中化验，发现血吸虫病患者就地集中免费治疗，或送防治站医治，直到20世纪80年代。

防疫站几十年如一日为人民服务，使许多患者恢复了健康。

1967 年 4 月，今兴华 8 组村民李全本时年 39 岁，他患有严重的血吸虫病，大队干部配合政府送他到人民医院医治，并实施手术为他切除肿大的脾块，使之恢复健康，和常人一般。现他已 90 多岁，身体状况良好。

进入新时代后，血防工作依旧常抓不懈。2020 年，由于局部坍江，兴华村每年的查螺、灭螺任务有了增加，但防疫站都能在规定的时间内完成血防工作任务。目前仅剩一处江滩有阴性钉螺。由于该处邻近自来水厂取水口，2021 年，在上级指导下，兴华采取了无污染的覆盖灭螺新技术，在大幅降低钉螺密度的同时避免了水源被污染的可能，取得很好的效果。兴华村已连续 40 多年没有发现血吸虫急性感染病人，新发血吸虫病人数为 0。

从 1965 年开始，今兴华村虽分兴华、团结两个大队，医疗卫生却融为一体，共设 1 个卫生室。公社卫生院曾先后派何成忠、杜成章、陆朝宗、阮方富等医生驻兴华从医，地点在今兴华村 13 组朱桂林家中（购买了原兴华管理区 3 间办公室）。但他们的编制在三茅卫生院，经常被调来调去，很不稳定。于是两个大队分别推荐陈家友、张元才为保健员（赤脚医生），由公社卫生院辅导和培训后上班。1969 年 8 月，三茅卫生院给他们颁发了资格证书。两个大队的卫生室分开后，兴华卫生室设在地点适中的 13 组张明清家里，赤脚医生先后为张元才、陈荣英、徐德群，后来他们把卫生室设在了自己家里。团结卫生室设在地点适中的综合厂附近，后设在今老年活动室里。医生有何成忠，赤脚医生有陈家友，经短期培训又短期任赤脚医生的有顾瑞银、邹招娣。

1985 年，退伍军人戴桂彬继任团结大队的赤脚医生，他忠于职守，热心为群众治病，同时刻苦自学，攻读医书，1987 年考取常州卫校，进一步深造。毕业后，他先任主治医生，后任三滧医院党支部书记副院长、院长，新坝医院、油坊医院和三茅医院院长、书记，以及卫生干部学校校长等职。

1987 年 10 月，退伍军人王法华接任团结大队的赤脚医生，后调至三茅卫生院，直到 2013 年离职，历时 26 年，其间多次受到三茅卫生院的表彰。

兴华村的赤脚医生，在艰苦的条件下，怀着救死扶伤的初心，身背药箱，起早带晚，随喊随到，风雨无阻，为兴华人民的健康做出了贡献。

2001 年，团结、兴华两村合并，重组兴华村。

2007年，兴华村投资103万元兴建村办公大楼和兴华村卫生室。该室建筑面积达120平方米，内部设施基本俱全，有诊疗室、治疗室、输液室、药房和病床4张。配备的医师有张仁法、张芸（女），他们先后兼任负责人。马激扬为药剂师兼任财务会计。各种规章制度健全并公布在墙上，让村民和病员人人知晓，以便共同执行。卫生室于2009年6月9日正式开业，10多年来已为每个村民和退休职工建好健康档案，同时加强了对慢性病的管理，定期随访，为村民测血糖、量血压。卫生室对患有普通疾病前来就医的村民热情接待，精心治疗，治愈率高；每年还积极配合村老年协会和三茅卫生院，为全村65岁以上的老年人进行免费体检。

医师张芸见缝插针，利用党员大会和村民代表大会宣讲卫生健康知识，并把有关资料张贴在健康教育宣传栏里。截至2019年年底，兴华村卫生室连续8年被三茅街道社区卫生服务中心评为先进集体。

结直肠癌是一种严重威胁人类健康的常见消化道恶性肿瘤，是潜伏在人体内的“健康杀手”。但根据临床显示，只要早发现、早治疗，治愈率可达90%以上。可见，对结直肠癌的筛查和预防极为重要。

施瑞华教授是东南大学附属中大医院消化科主

任、东南大学消化疾病研究所所长，现任中华医学会消化内镜分会全国委员，在消化道疾病的治疗上颇有建树。扬中市中医院一直以出色的医疗水平和医者仁心的口碑赢得群众的信任，医院与施教授合作，成立施瑞华教授工作站，开展结直肠癌的筛查活动。三茅街道兴华村“两委”大力支持、积极配合。2018 年 9 月 23 日上午，施瑞华教授工作站结直肠癌筛查启动仪式在兴华村社区广场隆重举行。扬中市副市长孙冬梅，卫健委主任周春燕，三茅街道办主任司信年、副主任林晓宁，中医院党委书记顾宏春等同志参加了启动仪式。兴华村妇联和兴华村近千名村民观看了启动仪式，听取了有关领导的讲话和专家的讲座，村民们非常激动，心生感激。工作站自成立以来，兴华村妇联、兴华村卫生室积极配合工作站开展工作，为数百人进行了两癌筛查，为数十名妇女进行了优生优育孕前检查。

（二）

从 2018 年开始，兴华村的改厕工作也在紧锣密鼓地进行。改厕总任务为 285 户，到 2019 年 12 月中旬已改 219 户，其余的户厕于 2020 年完成改造升级工作，兴华村的户厕已全部无害化。

2019 年 12 月 13 日上午 9 时，年近 80 的退休教师郑叔裔到 13 村民组调查村史，村民张秋生一把拉住自己的启蒙老师，眉飞色舞地请他参观 2 号居民点上新建的现代化公厕，不断夸奖以党委书记林晓宁为代表的村“两委”又为兴华人民办了一件实事和好事，填补了兴华村 2 号居民点上没有公厕的空白。

环境卫生和医疗卫生紧密结合，双管齐下，多措并举，是兴华村的特点和亮点。

第一，村“两委”十分重视环境整治工作，经常召开村“两委”联席会议，对垃圾清运、“五水联治”等一系列工作进行认真讨论，做出具体部署。所有村干部身先士卒，真抓实干，不辱使命，尽责担当。

第二，每年投入百万元资金用于环境治理。兴华 18 个村民组和居民点均配备 2~3 只新型绿色环保垃圾箱，常年聘用 1 辆大型垃圾清运车每天及时清运垃圾，农忙和节日期间，根据需要加班清运，做到箱干、桶净、地洁。

第三，先后常年聘用祝启贵、赵金祥、邹克龙、朱阿章、张纪芳、张恒义等吃苦耐劳、责任心强的物业保洁员，分片包干，清扫垃圾，清除杂草，清理河道，确保兴华境内道路干净整洁，水清岸绿花香。2018 年，三茅街道物业管理专刊特刊登诗一首称赞兴华物业保洁员：

祝启贵与赵金祥，邹克龙和大阿章。

铁帚天天清扫累，甘为大地苦梳妆。

兴华村的环境卫生有力地配合和辅助着医疗卫生工作，进一步促进和保障了村民的健康。

第五节　村域企业

（一）

新中国成立前后，濒临长江、处在二墩港和三墩港之间的兴华是一个贫困的农业村，基本上没有工业，仅有一些纺纱织布之类的家庭手工制作和少得可怜的小作坊。其中，碾坊有 4 家：一是袁成林在厚字圩和新圩之间的三墩港北侧开的一家；二是朱锦寿和赵善荣在三星圩东合开的一家；三是陈宽林在三星圩西开的一家；四是刘友松和魏清泉在母字圩合开的一家。磨坊有 5 家，磨坊主人分别是母字圩的郭恒裕、新圩的陈如福、三星圩的耿龙明，以及朱桂林、秦纪明。豆腐坊仅有蒋鼎利 1 家。20 世纪 80 年代，永胜圩的罗克武也开过几年豆腐坊。由于机械化粮食加工厂的兴建，“四碾五磨”逐步退出历史的舞台。

木匠、瓦匠、裁缝等手工业者主要依靠上门打零工、吃百家饭、计日领薪，维持家庭生计。20世纪六七十年代，这些行业曾被当作“资本主义尾巴”，遭到压制和打击。

穷则思变的兴华人坚持“荒年饿不死手艺人”的传统观念，并且随着时代的发展，“无农不稳，无工不富”的新思想又顺势而生。20世纪60年代初期，兴华人在坚持搞好农业生产的同时，开始创办村级企业，发展集体经济，增加个人收入。

1964年，从兴华管理区分出、新组建的团结大队（辖今兴华1—9组）与附近的指南大队合作，在今指南7组三墩港边创办砂轮厂，团结大队的退伍军人邹来虎、高中毕业生朱忠良分别担任厂长和材料会计。该厂不久就被并入大众公社综合厂。

1968—1970年，团结大队副业主任汤德余利用撤分的原兴华管理区的4间办公室，试办排笔厂和绒线厂，历时两年，虽然没有取得经济效益，但从中摸索出了一些办企业的经验。

1970年以后，富有经济头脑的汤德余主动请缨在团结大队中心地段为大队创办柳器厂和服装厂，而且办得红红火火、产销两旺。

1975年，汤德余赴金坛参加镇江地区副业主任会议，与会期间，因心脑血管疾病突发而殉职。左朝成继任副业主任兼管工业。大队聘任庄冬保为新成立的综合厂厂长，王月珍为会计。原柳器厂、服装厂等分别作为车间。庄冬保不负重托，尽责尽力，健全规章制度，确立办厂宗旨，强调质量第一、用户至上。所有供销员以“四千四万”精神，走南闯北，签订大量的生产业务订单，使综合厂越办越兴旺，产品和车间不断增加。具体车间信息如下。

柳器车间：蒋万安负责，主要生产柳皮椅、包装箱等产品。冯国华等工人师傅编织的座椅、躺椅精致美观，深受客户欢迎。

服装车间：先后由李全忠、施大桥负责，主要生产劳保工作服。

电镀车间：王炳生负责达10年之久。1990年以后，朱华生两度被乡镇领导推荐，应聘负责。

砂轮车间：一度由胡宏顺负责，杨桂英、韦巧娣为技术工人。

骨胶车间：朱华生负责，周玉富为技术员。

抛光车间：由石明才负责与常州金狮牌自行车厂联营，为该厂生产的花盘、曲柄等零部件进行抛光加工。1983—1984 年，由石明才负责的五金车间对外称为“华东船舶机械附件厂”，为上海江南造船厂、沪东造船厂生产注油枪。

张正斌、袁立清、陈龙宝等是供销员中的优秀代表，有吃苦精神，公关能力强，业务订单多。

1986年，张正斌等8名供销员齐心协力，白手起家，筹建扬中县标准件二厂和扬中县影集厂。张正斌任厂长，汪景泉、戴敬福为会计。

鉴于老厂区地盘不大，厂房不够，无法安置新厂，陈龙宝主动提出将自己私人居住的两层将军楼临时作为厂部办公室、会计室和接待室，挂牌办公，先行运作。同时，征得大队支持，征用土地，兴建厂房。一年之后，新厂区在团结大湝北端建成，占地面积4000平方米，建筑面积达2300平方米。新厂区的建成标志着村办企业迈出了新的步伐。

值得一提的是，当时团结小学附属校办厂——扬中县文教用品厂（免税单位）厂长张荣根曾任团结大队主任、东进农场党支部书记。东进农场撤归东方大队后，他主动下海，经商办厂，被誉为“影集大王”。其工厂生产的影集，规格齐全，美观实用，不仅销往全国各地，还远销韩国等国家。他用免税款为团结小学翻建了5间平房教室。

（二）

原兴华管理区分出的兴华大队（村），辖今 10 —18 组，也燃起了企业的星火，并且越烧越旺。

1964 年年初，兴华大队利用今 17 组的牛棚作为厂房，创办砂轮厂。时隔不久，工厂规模扩大，人员增加，遂租借村民朱康习的 3 间民房作为厂房，并聘请沙港大队的朱道立为厂长兼供销员，丹徒县丁岗镇的赵九顺为师傅，朱高林、张永生先后任会计。招收的工人有黄兰芳、陈克孝、徐万春、顾其根、杨兰美、李纪福和陈显生。工厂主要生产油石、砂条和异型砂轮，供机械工业使用。1965 年夏，该厂并归大众公社综合厂。

1967 年，柏沂臣依托副业组，将养蚕室作为车间，创办劳保服装厂，并招聘原为裁缝的刘文华、张德孝、顾发义、李圣昌等为工人，根据生产需要不定期上班。工厂没有营业执照，供销员凭公社工业办公室开具的介绍信对外接洽业务，签订合同，货款结算在工业办公室所属的供销经理部办理。20 世纪 70 年代中期，该厂关停。

1971 年，刘才保创办兴华砂粉厂，把副业组的部分养蚕室维修后作为厂房，聘请刘正春为师傅，郭仕良为供销员，张明清、夏纪章、朱康顺等为工人。工厂把城市大厂报废的砂轮、油石采购回来，粉碎酸洗后清除杂质，作为原料销售给乡镇砂轮厂烧制砂轮，或直接作为研磨砂使用。刘才保还短期办过砂纸厂和纱布厂。

1988 年 3 月，兴华村集体投资创办水泥制品厂，地址在今中保机电设备公司大院里，法人代表魏永龙，会计王永金，技术员陈军。企业采取承包经营制，利润按协议规定上缴村集体。水泥制品厂的创办增加了集体收入，让农村富余劳动力有了就业的机会，满足了富起来的农民用楼板建房的需求，既有经济效益又有社会效益。

2001 年，农户建楼房开始现浇楼板，不再使用预制楼板，兴华水泥预制厂关闭。

20 世纪 80 年代初期，扬中的乡村企业异军突起、蓬勃发展，而老兴华村尚处于落后状态。村党支部多次开会，讨论如何攻坚克难赶上先进。党支部委员柏沂臣主动请缨勇挑重担，与上海广播器材厂的朋友老方联系，洽谈签约，决定创办扬中县电器插件厂生产塑料电器接插件。党支部、村委会全力支持。没有厂房，把副业组的旧房改造更新；没有资金，干部带头并发动群众集资；没有技术，把师傅请进来指导，把工人派出去学习；没有注塑机等设备，立即购买，先旧后新，先小后大，从 30 克角式到 45 克角式，从 1 台增加到 3 台……经过 3 年的拼搏奋斗，工厂终于走上了正轨。厂长办、接待办、生产技术科、质量检验科、财务科五脏俱全。

1985 年，供销员郭明福竞争上岗担任厂长，企业活力增强。同年 5 月，工厂整体搬迁到二墩港东侧长兴圩高地，占地面积 6000 平方米，厂房建筑面积达 2000 平方米。

1986 年，工厂职工达 118 人，拥有 45 克卧式注塑机 6 台、立式注塑机 2 台、65 克注塑机 1 台，25 吨冲床 1 台、40 吨冲床 1 台，50kW 发电机组 1 台、80kW 发电机组 1 台。各种检测仪器一应俱全。工人实行三班制，日夜不停产。年产值逐年上升，1984 年为 36 万元，1989 年飙升为 465 万元，名列全县第三，受到省、市、县三级政府的嘉奖。工厂每年上缴村集体 3 万 ~5 万元。

1987 年，工厂生产的电源线插头获评江苏省优质产品。1988 年，生产的电源线插头获全国电子产品评比二等奖，工厂成为扬中的一颗耀眼的企业明星。

（三）

胶木电器厂是兴华大队创办较早的企业之一，主要生产电器产品的胶木件，一度停办；后由蔡道林、顾其凤、柏沂臣等人组织员工在塑料插件厂老厂房内复工复产，主要生产塑料接插件。随着生产规模的扩大，1985 年，工厂迁至今惠康机电设备厂院内，新建办公楼 10 间、大厂房 12 间、配电房 1 间，有 6 整套机械设备，行管人员 6 人，工人 38 名，年产值达 300 万元，每年向村集体上缴利润 3 万元，研发的新产品有气雾杀虫剂、大容量的钢瓶和罐装设备。

1997 年，因经济体制改革工厂关停转向。

1978 年，党的十一届三中全会召开以后，在改革开放的大潮中，在兴华这方热土上涌现出的企业犹如灿烂的鲜花竞相开放。在激烈的市场竞争中，有的关停转向、重新启航，也有的脱颖而出、做大做强。

随着改革开放的进一步深入，党和政府鼓励个人自主创业，支持发展民营企业。通过经济体制改革和产权制度改革，到 2000 年，所有的企业都已转化为私营企业。

2001 年，团结、兴华两村合并，重组兴华村，新的村“两委”对企业的发展做出了新的规划，采取了新的措施。一是征收部分土地；二是从江南购买大量土方充填部分鱼塘，扩大原团结老厂区的基地面积，对老旧厂房进行维修改造，扩建新厂房。2016 年，兴华投资 800 多万元新建了一幢 6 层的企业办公大楼，建筑面积达 3600 平方米。顶层高竖着“天净中保电气”6 个大字的巨幅标牌，大楼成为兴华村的标志性建筑。同时，兴华对原团结新厂区（西厂区）的厂房进行了翻建改造，起到了筑巢引凤的作用。

截至 2020 年，到兴华村落户的企业达 28 家，包括原有的企业在内，共有 40 多家，其中定报企业有 5 家：

1. 南方矿用电器有限公司
2. 中保机电设备有限公司
3. 金洲水务有限公司
4. 中保电气镇江有限公司
5. 美达电力器材配件有限公司

附表：兴华村村域企业统计表（按经济普查顺序）

兴华村村域企业统计表

序号	企业名称	法定代表人	主要业务活动
1	江苏南方矿用设备有限公司	袁立清	地质勘探和地震专用仪器制造
2	镇江市恒星电器成套有限公司	邹巧芸	橡胶零件制造
3	扬中恒瑞金属制品有限公司	刘纪宏	其他未列明金属制品制造
4	镇江市宝通电器有限公司	徐红根	其他输配电及控制设备制造
5	扬中市灵新风机氟塑有限公司	朱　新	风机、风扇制造
6	镇江市惠康机电成套有限公司	陈平生	金属密封件制造
7	扬中市华东电力器材配件有限公司	钱积良	紧固件制造
8	扬中市辉德电器有限公司	唐　震	模具制造
9	扬中奥马达克罗环保设备有限公司	成　荣	环境保护专用设备制造
10	扬中市浩天矿用电器有限公司	姚留女	社会公共安全设备及器材制造
11	镇江市吉铭机电设备有限公司	李赛男	变压器、整流器和电感器制造
12	扬中隆润制衣有限公司	束长龙	其他机织服装制造
13	扬中市文胜电器有限公司	陈文生	配电开关控制设备制造
14	扬中市美达电力器材配件有限公司	陈志美	配电开关控制设备制造
15	扬中市腾飞包装有限公司	陈建康	其他工艺美术及礼仪用品制造
16	扬中市明华橡塑有限公司	郭明福	塑料零件及其他塑料制品制造
17	扬中市江洲钢材加工有限公司	周鹤富	其他未列明金属制品制造
18	江苏虔诚电气有限公司	郭平芳	配电开关控制设备制造

续表

序号	企业名称	法定代表人	主要业务活动
19	扬中端傅电气有限公司	袁克桂	配电开关控制设备制造
20	扬中市昌华电气有限公司	王兴华	配电开关控制设备制造
21	扬中科电电力科技有限公司	舒拥军	电力电子元器件制造
22	镇江嘉乐瑞电气有限公司	吴　嘉	其他输配电及控制设备制造
23	扬中市龙泉机电设备有限公司	戎传龙	电线、电缆制造
24	扬中市兴华电器设备有限公司	陈春香	其他家用电力器具制造
25	扬中市铭辉电力设备有限公司	汪　辉	电气信号设备装置制造
26	扬中市科利电仪设备有限公司	吴会强	电气设备制造、安装和技术咨询
27	天净中保电气镇江有限公司	丁书萍	桥架、母线、开关柜
28	扬中市宇航电器设备有限公司	钱　龙	配电开关控制设备制造
29	镇江铭泽电力设备有限公司	于洪林	配电开关控制设备制造
30	扬中市阳涛电气有限公司	张晓祥	其他输配电及控制设备制造
31	扬中市钢材市场有限公司	杨三林	市场管理服务、市场设施租赁
32	江苏优彩电气科技有限公司	祝启贵	
33	江苏伟创晶智能科技有限公司	丁基勇	科学研究
34	扬中市三维锅炉压力容器有限公司	陈伟俊	其他专用设备制造
35	镇江市隆盛工具有限公司	顾澹照	金属切削刀具加工、制造和金属材料销售

第六节　水利建设

兴华村背靠长江，西北方有与三茅大港相连的二墩港，东南方有与指南村相隔的新三墩港，中间还有一条700多米长的老三墩港，与新三墩港平行。境内沟渠纵横，水系发达而通畅。

一、水怪旱魔舞翩跹

新中国成立前后，由于水利建设的落后和江港堤岸的低矮，夏秋季节，江潮上涨，洪水压境，给兴华人民带来多次洪涝灾害，庄稼减产，甚至颗粒无收。如遇连续暴雨，更是雪上加霜。相反，遇到旱灾年份，天干无雨，田禾枯焦，也会造成同样的恶果。

1949年7月，兴华和扬中其他地方一样，多次遭到狂风暴雨的袭击，加上江港堤岸低矮欠固，江潮漫溢，内涝灾害严重。千亩良田，一片汪洋，如同泽国。庄稼无收，人民生活无着，只能靠吃野菜和观音土度日。

1954年，江水猛涨，加上连日多雨，兴华地区遭受特大洪涝灾害，大水不仅淹没庄稼，还漫溢到百姓家里，有的人家水位甚至没过半个屋檐。肆虐的洪水给兴华人民的生命财产造成了严重的威胁。

在兴华人的记忆中，有两年，夏秋之交，连续 40 多天不下雨，火辣辣的太阳把田里的庄稼和高处的豆类作物晒得枯萎，甚至死亡。正是水怪旱魔舞翩跹，人民痛苦不堪言。

二、同心勠力搞水利

勤劳勇敢的兴华人民在漫长的岁月中，以自强不息的战斗精神，同心勠力兴修水利，与旱涝灾害进行了不懈的斗争。

新中国成立前，除洪康燮主政时重视水利建设外，其他历届国民党扬中县政府对水利建设都不重视。兴华人民自发行动起来，出资出力，在圩田的通港通江处，建造能进出水的木制涵洞，俗称水洞和水通。今兴华村的 1 组和 2 组，分别建有水洞通二墩港和老三墩港。7—9 组，北有水洞通二墩港，南有水洞通老三墩港，并在 7 组（三星圩南端）学校附近的老三墩港畔修建了车水塘。10 —13 组，早在三星圩没有围成前，在今金山职业技术学院北门驾校处就建有水洞和车水塘，向当时的堤外排水；三星圩围成后，在堤外转向西北，开挖水道，通向二墩港，并在港堤下另建水洞，进水排水，历经的艰难可想而知。14—17 组，分别建有水洞通新三墩港排涝。18 组有水洞通二墩港。那时一无机械二无电力，需要用水，只好利用涨潮开水洞进水；需要排涝时，利用退潮，开水洞排水。如遇内涝，江港水位高，积水难排，则按田亩摊派任务，组织劳力，在车水塘架好水车，人工车水进行排涝，十分劳累。

新中国成立以后，党中央和毛主席十分关心农民疾苦，重视水利建设，并且明确指出："水利是农业的命脉。"

兴华人民积极响应党和政府的号召，1951 年在新围成的团结圩中段，即今兴华 3 组和 4 组交界处的江堤下，建成水洞，直通长江，用于排灌。20 世纪 50 年代至 60 年代初期，兴华人民每年都要在秋冬的枯水期对老旧的水洞进行检修。施工时，要在港岸或江岸上挖一个很深的大缺口，把木制的水洞扒出来，对腐坏的水洞板和木楞予以更换。完工后重新覆土，并捶打夯实，确保堤岸坚固、汛期安全。

秋冬的农闲季节，兴华人民坚决响应政府号召，参加围修江港堤的大会战，通过人工取土，手挖肩挑，把江港堤加高加固。兴华人至今还记得当年会战的情景：工地上，人山人海，一片繁忙。挖土的两手执锹，右脚蹬锹，频频弯腰，顾不上抬头；挑土的负重上坡，号子连天，空担下坡，笑语盈盈，个个都是汗流浃背。就这样经过多年的拼搏，挖挑的土方不计其数。现在，兴华村北起二墩港口，南至新三墩港，1000多米长的大堤，高大坚实，犹如铜墙铁壁，既能抗洪又能通车，如同水上长城。过去兴华人担忧，说什么“种田哥哥不要夸，七月初三淹稻花”。而现在，每到七月初三大汛时，兴华人便站在堤顶公路上观望：大堤外，芦花放，水茫茫，百舸争流，万千气象；大堤内，琼楼别墅，鳞次栉比，广阔田野，稻花飘香，呈现一派美丽迷人的风光。

三、机电排灌效能高

20世纪60年代中期到70年代初期，随着科技的进步和物质条件的改善，兴华人逐步把所有的水洞改建成钢筋水泥涵闸。在老三墩港通江口，建成团结机电排灌站；在长兴圩北端的二墩港畔，建成兴华机电排灌站。

2007年，兴华村投资100万元，对团结机电排灌站进行改建和扩建。该站原有2台55kW的泵机，新增1台75kW的泵机，增强了排灌功能。

2010年，兴华机电排灌站被列为中央小型农田水利重点县项目。

2017年，兴华村又投资50万元，对兴华机电排灌站进行改建。排灌站外部造型美观，新颖别致；内部设施齐全，配有75kW的泵机2台。同时，兴华村对该站点的排灌水道进行了拓宽和浚深。

另外，兴华村还在扬中市第二高级中学围墙东侧外新建了一座机电排灌站，配有 55kW 的泵机 2 台，具有为新居民点随时向新三墩港排除积水的强大功能。

在扬中市水利部门和农业部门的支持配合下，从 2014 年开始，兴华村还分别为有关村民小组的农田浇建了净宽 100~110 厘米、深约 60 厘米的硬质水泥渠道，笔直美观，总长 3000 多米；在隔水河坝、隔水道路、隔水公路下面，埋设了水泥管道，有的还建了小型涵闸。每间隔 2~3 年，对全村所有河道清淤 1 次，以确保水系通畅、排灌正常。

兴华村的水利建设，持续发展，成就辉煌，效果显著。即使连下 3 天的暴雨，一夜之间也可排光积水；一旦稻田缺水，泵机一响，满圩灌浆。

兴华村（包括重组前的团结村）广大干部和群众为水利建设付出的心血和汗水，换来了兴华农业连续数十年的丰收。

第七节　特色文化

兴华村虽然只有 100 多年的历史，但文化底蕴比较深厚，从兴华村 10 组原土地祠的一副楹联“远近达道逍遥过，进退连还遇运通”可见一斑。此联上下共 14 个字的偏旁全部用了“之”字，很不简单。这说明，当年从各地迁移而来的农民，也带来了各地的传统文化和地域文化，如江南的小调、苏北的民歌……不一而足。随着时间的推移、空间的转移，形成了具有江洲特色的兼容并包的文化，从内容上看，有传统的节庆文化、农耕文化、婚俗文化、丧葬文化等；从形式上看，有唱麒麟、舞龙灯、玩花船、挑花担等。随着时代的发展，这些形式有的已逐步退出历史的舞台，取而代之的是现代歌曲和快板、小品等。2018 年 6 月 27 日晚，兴华村举办庆祝中国共产党成立 97 周年暨文娱联欢晚会，演出了歌曲、快板、小品等 10 多个节目，内容丰富多彩，形式生动活泼，富有时代气息，催人奋进。2019 年 9 月 26 日晚，兴华村主办的庆祝中华人民共和国成立 70 周年的大型文娱晚会更是精彩纷呈、高潮迭起、掌声雷动，是兴华村有史以来观众最多、规模最大的一次文化惠民盛会。

新中国成立以来，一代代的兴华人通过学习，腹有诗书、气度自华、能演会唱。值得回味的是，20 世纪 60 年代中期至 70 年代末，兴华和团结组建文艺宣传队，除排演一般节目外还排演过《沙家浜》《红灯记》和《白毛女》，李全忠、王月英是小有名气的导演。肖领娣、奚彩屏、秦恒才、朱桂兰、耿龙春分别饰演的沙奶奶、刁德一、胡传魁、阿庆嫂、郭建光至今在人们脑海中还留有深刻的印象。朱华生、王月英饰演的李玉和、小铁梅，以及许银喜、陈巧英饰演的杨白劳、白毛女也令人回味无穷。

党的十八大以来，兴华村干群为巩固诗词之乡的成果，通过学习，创作了不少符合社会主义核心价值观和习近平新时代中国特色社会主义思想的家训格言和传统诗词，具有鲜明的特色和一定的教育意义。

一、家训格言

（一）格言

杨淑静：廉洁始于一言一行，文明在于一点一滴。

林晓宁：地利好开发，人和万事兴。

黄长军：好男儿酷爱家乡，志在四方。

袁立清：致富思源报党恩，幸福莫忘贫苦人。

陈平生：身在企业创优争先，心系百姓济困施贫。

徐红根：创业靠自强，守业靠勤俭。

顾永生：诚信友爱良心安，家庭和睦福寿添。

陈兴玉：行善为宝，守法最珍。

王月珍：教书育人，重在言传身教；治国齐家，贵在公而忘私。

陈菊英：家风是家庭最宝贵的不动产，善良则是一个家庭最宝贵的家风。

王荣美：家和万事兴，邻睦百年福。

朱卫国：孝敬父母是等不得的。

郑叔裔：诗文千古秀，名利一时荣。

为人处世，诚信为本。

谦虚谨慎能进步，自大癫狂必沉沦。

谬言毋听取，真理要坚持。

不贪金玉富，唯愿子孙贤。

真情如石块块重，假意似纸张张薄。

向人伸手可耻，助人为乐光荣。

学而不厌，书山学海成坦道；诲人不倦，老少女男赞良师。

（二）家规

奚彩屏：

尊长辈　孝父母

和兄弟　睦邻里

敬师友　育儿孙

慎嫁娶　禁赌毒

崇节俭　勤工作

严律己　宽待人

重礼仪　不争讼

广积德　勿作恶
讲科学　遵国法
保安康　世代旺

（三）先民遗训

1. 三早顶一工，一春抵三冬。

2. 地是黄金板，人勤地不懒。

3. 勤是聚宝盆，奢是无底洞。

4. 养不教，父母过；教不严，老师错。

5. 桑条从小拂，子孙自幼教。

6. 娇生惯养生逆子，狠抓严管出孝儿。

7. 邻居好，赛金宝。

8. 家和万事兴，人和国富强。

9. 当家不可不省，待客不可不奉。

10. 为人不做亏心事，半夜三更不吃惊。

11. 儿不嫌母丑，狗不嫌主贫。炎黄子孙爱华夏，崇洋媚外臭万年。

12. 有恩不报非君子，恩将仇报是小人。

13. 忤逆父母亲天雷虽不打，万人都会骂。

14. 善有善报，恶有恶报。一代做坏事，三代必遭殃。

15. 万贯家财不如薄技在身。

16. 多读诗书，通情达理气自华。

17. 从小一看，到老一半，浪子回头金不换。

18. 家有好媳兴三代，户生泼妇害子孙。

19. 穷不失志，力戒窃扒要；富不癫狂，严禁淫逸奢。

20. 交情不交财，交财两不来。

21. 常做善事，胜过烧香拜佛。

22. 国泰天心顺，官清民自安。

（奚彩屏搜集整理）

二、诗风词韵

林晓宁

卜算子·兼职

兼职到兴华，从命归佳处。
户户家家是我家，公仆扎根住。
万绪又千头，党建推为主。
美富强高是目标，欲把辉煌铸。

虞兴谦

临江仙·兴华村吟

水务金洲江畔，黉楼深院书声。扬高汽渡笛声鸣。繁华风景线，靓丽水云村。

党委坚强堡垒，农工帅气精英。全年收入稳提升。

资源人共享，勤勉地生金。

张纪龙

水调歌头·幸福兴华颂

灵秀兴华地，满眼竞豪情。你看金桂红菊，鱼跃水盈盈。公路无尘宽畅，盏盏霓虹闪亮，别克宝车鸣。目力尽收处，一片景欣荣。

忆往昔，悲泪淌，肺如烹。饥寒交迫，望穿双眼盼天明。换地改天同颂，歌舞升平圆梦。楼宇穿云矗，幸福好前程。

姚进恒

七律·兴华村礼赞

兴华面貌市无双，文化氛围档次强。
金山学府林园美，高级二中资质芳。
厂企花开香四海，财源水滚富家乡。
全神贯注齐圆梦，美丽庄园紫气扬。

秦德贵

七律·秋访兴华村

久仰兴华九九行，风光旖旎悦人心。
千畴绿稻捧金玉，百里厂房造智能。

喜看甘泉通万户，欣闻院校颂诗声。
小康本是勤劳建，汗水淋漓筑梦成。

凌金棠

忆江南·秋色美

秋色美，最美是兴华，江岛北门留倩影。安居乐业富千家，笑语荡天涯。

姚进恒

七绝·赞兴华村党委书记林晓宁

头雁多才能力强，赞歌曲曲八方扬。
基层任职勋功建，一岗三年事业昌。

莫来根

赞江苏南方集团董事长袁立清

创办矿电二十载，企业红火创品牌。
集团全市三十强，质量优秀诚信怀。

孙登发

南方集团董事长袁立清

白手起家创业难，为谋发展忍饥寒。
集团宏图多年现，频将大爱送人间。

张登明

赞中保机电老总朱萍

朱萍不让须眉汉，中保公司有趣谈。
运作经营称女杰，精心策划畏何难。
安排残疾人从业，助困扶危减负担。
富美强高精品铸，腾飞中保换新天。

郭春红

赞中保机电总经理朱萍

助困帮残解苦愁，冰心一片誉江洲。
纵横四海桥梁架，商海泛舟立上游。

莫来根

褒徐红根慈善救助

兴华慈善工作站，徐总捐款数多万。
困难村民他救助，帮扶济贫不空谈。

孙佑德

夸艰苦创业徐红根

美达老板徐红根，创业精神感人深。
单枪匹马跑全国，千辛万苦建功勋。

黄长军

任职表态

服从分配到兴华，异地他乡作自家。
履职担当求奉献，甘将心血铸红花。

丁基彬

咏赞退休村干部

过去曾将干部当，全心全意为民忙。
今虽暮老天年养，不忘初心盼国强。

二墩港蝶变

曾与西津比闹忙，风帆载客过长江。
而今汽渡车龙运，海北天南往客商。

新常态农庄

绿树成荫三百亩，繁花硕果尽飘香。
河塘鲢鲤争欢跃，美丽兴华好地方。

朱美芳

赞兴华村后备干部

谦虚谨慎求上进，忠心耿耿为人民。
埋头苦干勤实践，喜看兴华后继人。

杜纪勇

工作感怀

两委分工管建房，调查登记很繁忙。
秉公办事为原则，态度温和也应当。

王荣美

兴华复垦

节约土地千年计，造福子孙万代情。
野草丛生荒废地，坚持复垦率先行。

陈菊英

兴华卫计

两孩政策入人心，卫计宣传到位灵。
走访调查频跟上，春风夏雨总关情。

朱卫国

兴华医疗

兴华医疗服务站，软硬设施不等闲。
药品真全无假货，态度和蔼技术尖。

孙德平

兴华财务

兴华财务工作好，账目公开数据清。
页页张张天上月，清白会计万人钦。

吴蕾

感　受

工作应聘到兴华，喜笑颜开乐似花。
领导关心春意暖，同行互助爱无涯。

张慧

心　声

社会保障连万户，事多任重确实忙。
为图百姓生活美，万苦千辛也愿尝。

张非凡

兴华关工

关心下一代，辅导站门开。
道德勤宣讲，“核心”促记怀。

谢张菁

赞村民组长陈太华

村民组长陈太华，博大情怀万众夸。
整治人居心血付，家家户户美如花。

郑叔裔

赞兴华村女干部张慧

大爱兴华有美谈，扶伤救死出新篇。
诚将造血干胞献，张慧精神动地天。

诉 衷 情

春光四秩好年华，改革绽新花。茅檐陋屋消失，别墅绕云霞。孤岛建，五桥佳，盖天涯。花园城市，幸福乡村，美丽兴华。

踏莎行·二墩港交通

浪大风狂，兰舟避港，往来商贾心惆怅，思归大雁也嘟囔，何时还我飞行畅？

四秩春光，交通变样，南桥北渡新局创，浪中车辆履平地，彩虹飞架江天上。

望海潮 · 二墩港风光

大江东去，直奔沧海，水天一色茫茫。百舸争流，贤能掌舵，五湖四海通航。举目望西江，万吨货轮泊，起吊繁忙。天堑虹桥，泰扬通道，世无双。

蒹葭堤外苍苍。堤内农庄倩，果硕花香。岳帅(1)当年，柴墟口岸，小沙南指鞭扬。陈帅(2)智能强。北渡长江过，跳板诗昂。美丽兴华胜境，文史更风光。

注：

（1）岳帅即南宋抗金名将岳飞。

（2）陈帅即陈毅元帅。1939 年 4 月中旬，陈毅同志首次从苏南经扬中二墩港（兴华村境内）北渡长江，谋划抗日，并赋诗一首，把扬中誉为“江心跳板”。

水调歌头 · 兴华村荷池

百亩荷池大，满目是汪洋。芙蓉出水添绿，日照泛青光。放眼田田荷叶，风起波痕凝碧，舞女着裙装。菡萏成花后，人赞美红娘。

袅娜样，飘然态，不寻常。淤泥不染，清正廉洁志刚强。花谢而能结实，叶败而能裹物，奉献不彷徨。但愿人皆是，若水善心肠。

第八节　公益慈善

兴华村地理位置优越，自然环境优美，是令人羡慕的宜居乡村。值得人们仰慕的是，兴华村民风淳朴，人文环境优越，绝大多数兴华人具有高尚的品德和美好的心灵。景美人美心灵美，特别是热心公益慈善之人比比皆是，是兴华人长期追求内外兼修的成果，既告慰先人也昭示后人。

新中国成立初期，家住兴华村 8 组、在上海经营金山棉织厂的郑渭泉先生，为解决家乡贫困儿童无学可上的困难，独资创办三星小学的义举和扶贫助困的事迹，兴华人民有口皆碑。经过 70 年的风雨岁月，兴华人民记忆犹新，坚持继承和发扬先生的精神。

1993 年，兴华（时分兴华和团结两个大队）人民为改善办学条件，更好地培养下一代，决定为更名团结小学的三星小学翻建教学大楼和办公楼。筹集资金时，积极报名踊跃捐款 500 元以上者达 37 人之多。1994 年 10 月，学校特建功德碑一块，镌刻了他们的姓名，作为鸣谢。

2007 年，村“两委”为解决村干部没有固定办公场所的问题，在兴华村 10 组地界征地约 2 亩，兴建现代化的三层办公大楼，即今兴华社区服务中心和新时代文明实践站，以便村干部能在办公条件改善的情况下，更好地为村民服务。村“两委”干部和热心公益的社会贤达，闻风而动捐款赞助，加上兄弟单位和有关部门的支持，所筹资金达200多万元。对于兴华村每年开展的文化惠民活动，袁立清、徐红根、高国庆、陈平生等都积极支持和赞助。

为响应以习近平同志为总书记的党中央的号召，打赢脱贫攻坚战，搞好扶贫助残助困等一系列的工作，2014年3月村“两委”在三茅街道党工委和街道办事处的直接领导下，在扬中市慈善总会的协助下，组建兴华村慈善工作站。在工作站成立大会上，兴华村各界人士和村“两委”干部，再一次慷慨解囊捐款赞助，场面隆重而热烈，令人感动不已。

附：慈善捐款名单

江苏省广源豆制品有限公司：陈尚梅　5万元

辰融电器有限公司：汤加春　5万元

扬中市美达电力器材有限公司：徐红根　2万元

扬中市灵新风机氟塑有限公司：朱　新　2万元

扬中市南方矿用电器有限公司：袁立清　2万元

扬中市中保机电设备有限公司：朱秀才　1万元

镇江惠康机电成套有限公司：陈平生　1万元

扬中市众城建筑安装工程有限公司：朱纪云　1万元

扬中市华城建筑工程有限公司：朱秀良　1万元

镇江市联鑫建筑安装工程有限公司：薛柏年　1万元

恒驰电器有限公司：徐君林　1万元

扬中市新城建筑安装工程有限公司：李能祥　0.5万元

扬中恒瑞金属制品有限公司：刘纪宏　0.5万元

镇江市南方工矿器材有限公司：李恒康　0.5万元

镇江奇佩支吊架有限公司：刘纪才　0.5万元

江苏泰德环保设备有限公司：石冬林　0.5万元

远洋船舶阀门制造有限公司：徐存洪　0.5万元

扬中市美明电仪设备有限公司：何宇明　0.5万元

江苏中环矿用电器有限公司：张圣国　0.3万元

镇江泰成电器有限公司：姚安东　0.3万元

镇江市杨晨电器桥架厂：倪道兵　0.3万元

扬中市腾飞包装有限公司：陈建康　0.2万元

镇江市隆盛工具有限公司：顾炳华　0.2万元

扬中市三维锅炉压力容器有限公司：陈士章　0.2万元

天净中保电气镇江有限公司：丁书萍　0.2万元

江苏富澳泰电气制造有限公司：王裕林　0.2万元

永大宏强电气扬中有限公司：陈　斌　0.2万元

扬中市文胜电器有限公司：陈文胜　0.2万元

扬中市龙泉机电设备有限公司：戎传龙　0.1万元

镇江宝通电器有限公司：陈龙宝　0.1 万元

扬中市华东机电有限公司：王兴华　0.1 万元

张元峰：0.3 万元

高绪玉：0.3 万元

张文胜：0.3 万元

陈太华：0.3 万元

朱三林：0.3 万元

谢小平：0.2 万元

陈兴玉：0.2 万元

部分村民代表、村干部、宫市长：0.445 万元

合　计：304450 元

慈善工作站一成立，村“两委”就紧锣密鼓地开展扶贫工作，对全村的困难家庭进行调查，排查摸底，确定扶贫对象，划出重点，力求精准、公开、公平、公正，定期发放扶贫款项。在刘国民等特困户遇到特殊困难时，村“两委”的主要干部都会带着慰问金或慰问品登门慰问。

村委会主要干部、乡贤会会长袁立清等，还经常以个人或企业名义，拿出数千元的资金对困难对象进行帮扶。

乡贤会副会长、美达电力器材的董事长徐红根，

乡贤会副会长、天净中保电气的董事长高国庆，以及企业家石冬林等，都是兴华村知名的慈善家。凡兴华村开展的慈善救助工作中，都能看到他们的身影，听到他们的声音，实在难能可贵。

中保机电设备有限公司，实际上是一家从事慈善事业的福利企业。企业为兴华及周边村组 60 多名残疾人安排就业，不仅解决了他们自身的生活问题，也帮助他们的家庭缓解了生活压力，同时缓和了社会就业的矛盾。该企业是扶贫先扶志，扶贫先扶技，科学扶贫、精准扶贫的典范，对兴华村及周边村组，乃至对社会、对国家都做出了一定的贡献。

重阳节敬老，是兴华村慈善工作站的重点工作。这一天，村"两委"干部全部出动，带着慰问金，分组慰问全村 90 岁以上的老人。2017 年 10 月，三茅街道办副主任、兴华村党委书记林晓宁带领村干部积极开展扶贫帮困这一得民心的工作。

春节之前，是兴华村慈善工作最繁忙的时期。南方矿用集团董事长袁立清系兴华村乡贤会会长、扬中市人大代表、原政协委员，除经常向扬中市慈善总会和三茅扶贫协会等捐款外，每年春节前夕，他都要花 3 万多元，购买色拉油等春节物资，委托村委会干部和村民组长慰问全村 270 多名 70 岁以上的老人。从

2011 年开始，10 多年来，累计花费金额达 30 多万元。

惠康机电成套有限公司董事长陈平生是一名优秀的共产党员，曾被评为最美三茅人。每年春节前，他都委托村“两委”向全村的老共产党员和困难党员发放每人 200 元的慰问金。10 多年来从未间断，累计金额达 20 多万元。

退伍军人刘纪宏创办的恒瑞金属制品有限公司，是兴华村新崛起的一家企业，堪称兴华企业的后起之秀。近年来企业办得红红火火，产销两旺。最近几年的春节，他都慷慨地拿出 2 万元现金，委托 80 岁高龄的母亲耿美英送到村“两委”，转交乡贤会，帮扶特困家庭的老人。

村“两委”在春节前，对全村 60 岁以上的老人和困难家庭，以及退役军人、现役军人家庭，更是倍加关怀，给予亲切慰问。

春节是中华民族的传统节日，它标志着一元复始、万象更新。虽然春节前的气温常在零摄氏度左右，但是，由于村“两委”坚持以人民为中心的思想，把慈善扶贫工作做得扎扎实实，方方面面都能顾及，如阳光普照，春风送暖，兴华人深深感到春节是一年之中最幸福最美好的时光。

第三章　骨干企业

在兴华村做大做强、脱颖而出的骨干企业主要有南方集团、中保机电、美达电力、天净中保、恒瑞金属、惠康机电等10家。

第一节　南方矿用电器有限公司

扬中市南方矿用电器有限公司位于风景秀丽的水上花园城市——扬中，原国家煤炭部定点企业，专业生产煤矿井下安全仪器。公司生产的“申安”系列检测仪、断电仪，产品销售遍及山西、山东、黑龙江、内蒙古及淮南、淮北等全国20多个省、市。2019年公司取得产值近1.5亿的辉煌佳绩，企业先后获得镇江市知名商标、江苏省著名商标、扬中市“双提升”有功单位、扬中市工业企业前三十强企业、江苏省质量诚信AAA级品牌企业、中国质量诚信企业协会会员、高新技术企业、江苏省优质产品、A级纳税信用等级、江苏省十佳民营企业、江苏省重合同守信用企业等荣誉和称号。

公司产品全面按照ISO9001–2008质量保证体系的要求严格加以控制，并通过了ISO9001–2008质量体系认证和国家有关部门的质量认可和许可。公司占地面积4万余平方米，建筑面积2万余平方米，注册资金5088万元（集团），现拥有固定资产1.062亿元和雄厚的技术力量、先进的生产和检测设备。公司于2008年投资4000万筹建新厂，占地面积约50亩，总建筑面积2万平方米。

公司已与中国矿业大学"十二五计划六个科研产品"合作，科研成果由公司转化为社会效益；公司还与武汉民族工业大学、江苏大学、江苏科技大学、镇江市高创软件发展公司等结成紧密合作关系，借助高等院校的专业人才研发新品，不断开拓创新，吸收引进专职或兼职高级人才。公司现有专业技术人员48人（其中高级工程师2人，工程师4人，助工36人，计量检定员6人）。

公司自行开发的DJC4.0/220型矿用车载式甲烷断电仪，DJC4/336型矿用车载式甲烷断电仪，GJC4（A）型煤矿用低浓度甲烷传感器，FYF3遥控器，JCB4（B）甲烷检测报警仪，CJY4/30型甲烷氧气测定器，CTH1000–8A一氧化碳测定仪，DJC4/200车载式甲烷断电仪，CJR4/4甲烷二氧化碳测定器，CD4（A）、

CD5 型便携式多参数测定器，CJT-4/1000 型甲烷一氧化碳检测报警仪，CYT-25/1000 型氧气一氧化碳检测报警仪，GJH100 型红外甲烷传感器，CTH10000 型一氧化碳测定器，JHB100 型红外甲烷检测报警仪及 CTL1000/100 型一氧化碳硫化氢测定器，以及各种自救器等广泛应用于煤矿瓦斯爆炸的危险场所。仪器采用高性能传感器、集成电路和新型单片机电子元器件，产品性能稳定，反应迅速，精度高，携带方便。另外，公司研发的 CD5 型便携式多参数测定器、一氧化碳传感器、二氧化碳传感器、氧气传感器、湿度传感器、压力传感器、人员定位系统、监控系统等产品将更有力推进煤矿井下安全产品升级更新。公司推出的矿用产品管理平台，全国独创，深受安检及管理层好评。

发展是企业永不停歇的追求，产品质量是企业生存的根本，江苏南方集团全体员工满怀信心，憧憬未来，将在监控系统等一系列新设备的带动下创造更加辉煌的业绩，继续秉承煤矿安全为第一要务，叫响口号，打亮品牌，真正做到“手握申安，人矿平安”，让公司与煤矿连心，让企业与矿工称心，做到社会和谐，煤矿安全，社企共赢！

第二节　中保机电设备有限公司

扬中市中保机电设备有限公司创建于 1989 年，公司占地面积达 1 万平方米，为兴华村及周边村 60 多名残疾人提供了就业的机会，不仅解决了他们的生活困难，也帮助社会缓解了就业压力。

公司主要生产电缆汇线桥架、母线槽、胶粘纸隔热保温材料。公司经过 30 余年的稳步发展，已成为国内生产汽车内饰件、冰箱和空调密封件及降噪保温隔热材料的知名企业，年销售额达 2000 万元。

创新是企业活力。近年，通过不断创新，引进人才，健全组织机构，购置先进设备，完善检测设施，企业竞争能力得到加强。

有效的管理，尽心的服务。公司坚持“诚信为本、以德为本”的经营理念，树立“环球品牌、志在一流”的品牌意识，对经营生产和服务实施有效管理，为客户提供“送货上门”的服务。现今“四箭”牌隔热保温材料市场份额逐年扩大，被多家大型企业选为长期配套产品，如奥克斯、美的、海尔、春兰、澳柯玛等，形成了专业化协作的现代化生产格局。

欲穷千里目，更上一层楼。公司实施“品质求精、开拓求新、持续改进、经营求信”的质量方针。强化质量第一意识，致力于提高管理水平，不断改进、开发更新、更美的胶粘带产品。为了让生活更绚丽多姿，公司将不断创新，开拓进取。

目前公司已有汽车内饰件生产线 4 条，以及冰箱、空调、洗衣机等密封件、保温管和减震块生产线。产品质量在国内同行中始终保持领先地位，深受广大客户的信赖和好评。

第三节　美达电力器材配件有限公司

扬中市美达电力器材配件有限公司成立于 2007 年，现占地面积 4000 多平方米，建筑面积 2500 多平方米。公司稳步发展，为本村 30 多人提供工作岗位，从创办至今，年产值从创建时的 1000 多万元，发展至 2017 年的 6000 多万元，可上缴国家税收 500 多万元，为国家税收做出很大贡献的同时也不忘回馈当地百姓。2012 年，兴华村成立慈善工作站，公司积极捐款 2 万元，且每年尽力资助困难群体，累计数额达 5 万余元，大大地改善了兴华村部分困难村民的生活。

公司主要生产国家电网、省电力公司及本省各市电力公司农网、配网改造用铁附件、母线槽、汇线桥架等。企业通过不断创新，建立健全企业组织机构，近几年先后购置了角钢自动生产线、母线槽自动生产线、焊接机器人等先进生产设备。自动化的先进设备一方面增强了企业产品的竞争力，另一方面也减轻了工人的劳动强度。通过多年的拼搏与发展，公司具有雄厚的技术力量、精良的加工设备，并拥有一支专业化的员工团队，企业的市场竞争力不断提升。

公司发展至今，始终贯彻“质量为本、顾客至上、科学管理、持续创新”的宗旨，坚持质优价廉、薄利多销的原则，以一流的技术、一流的品质为用户提供一流的服务。由于质量可靠、价格合理、供货及时，以及完善的质量保证体系和售后服务，公司生产的产品长期以来受到省内外各供电部门及广大用户的好评和肯定。

第四节　天净中保电气镇江有限公司

天净中保电气镇江有限公司 (以下简称天净中保) 位于江苏省扬中市，处于沪宁经济带的中心，紧邻长江中下游可开发、利用的深水岸线，距离上海吴淞口约为 110 海里，直接实现江海联运，紧邻南京、上海，可快速连接沪宁高速、京沪高速，高铁沪宁线、京沪线和京广线，交通运输条件极为便利。

经过 10 余年的发展，天净中保已发展成为集电气制造业、新能源电站 EPC、智能工程集成、电影传媒四大核心业务板块于一体、多业并举的创新型发展企业。现有天净中保电气镇江有限公司、天净中保智能工程(镇江)有限公司、银川辉能电气设备有限公司、三之三教育科技有限公司、镇江尹予文化传媒有限公司等 5 个兄弟公司。公司始终视质量为企业的生命，把关注产品工程质量作为企业的首要任务常抓不懈，先后通过了 GB/T19001 质量管理体系认证、GB/T24001 环境管理体系认证和 GB/T28001 职业健康安全管理体系认证。凭借优秀的产品品质，天净中保生产的电气产品成功应用于国家电网、郑州市城市地下管廊、中国燕郊物流中心、北京首都国际机场、万达集团、阿里巴巴集团、中粮集团等大型重点工程项目。银川辉能电气累计完成光伏电站装机量 675MW，其中与青岛昌盛共建的宁夏永宁县闽宁镇 200MW 光伏农业科技大棚并网发电 EPC 项目被列为全国精准扶贫和农光互补示范园区，并得到了习近平总书记的点赞。尹予文化传媒 2019 年与博纳影业、华鸣星空联合出品电影《中国机长》，并储备有《东去西来》《749 局》

等精彩影片。

面对竞争和挑战，天净中保人与时俱进，用敏锐的智慧和胆略，紧紧抓住每一个机遇。今天的天净中保正以开阔的视野、开放的思维和创新的理念，向着公司的宏伟目标迈进！

第五节　扬中恒瑞金属制品有限公司

扬中恒瑞金属制品有限公司坐落于风景秀丽、素有“江中明珠”美誉的水上花园城市——江苏扬中。

公司创立于 2008 年 3 月，创立之初，包括创始人在内只有 4 人，2 台普通的小设备，小作坊式的生产车间面积仅 200 平方米。10 余年来，在公司创始人刘纪宏的带领下，通过全体员工齐心协力坚持不懈的努力奋斗，目前厂区面积达 5000 平方米，员工 70 余人，其中专业科研开发人员 5 人。公司拥有国际一流的数控生产设备 60 余台套，技术专利 20 余项。公司目前名下拥有 1 家原材料采购批发公司、2 家贸易经销公司、2 个一线城市办事处及 6 个省级经销合作商。

多年来公司始终不忘初心，一直专注于市政及民建排水设施行业，并致力于绿色环保新型材料的研发和制造，公司还与国内知名大学共同开设研究课题，针对新型材料及海绵城市战略建设等项目进行研究，为市政道路的建设添砖加瓦。

公司凭借着多年的市场经验、过硬的技术团队、先进的生产设备及工艺，销售额每年递增15%。公司产品广泛应用于商业步行街、市政广场、园林景观、体育场馆、宾馆酒店、主题公园等各类高端场所。公司还拥有自营出口权，客户不仅涵盖国内各省、市，还出口美国、英国、德国、西班牙、澳大利亚等欧美国家及日本、韩国、新加坡等东南亚国家。

公司发展自身的同时不忘回馈社会、回馈家乡人，每年都组织全体员工积极参与慈善公益活动，为兴华村的建设和福利事业做出力所能及的贡献。

扬中恒瑞金属制品有限公司肩负着提升建筑人文品质、为客户创造美好施工的使命，以技术为风帆、管理为灵魂，始终坚持以“一流的产品、一流的服务”为发展宗旨，努力拼搏，不断创新，为求打造出坚实、可靠的优秀企业而不懈努力。

恒瑞使命：创造美好施工

恒瑞理念：品质与精神共存

恒瑞品质：勤奋，自信，正直，坚韧

恒瑞精神：团结协作，务本求实，开拓进取，追求卓越

第六节　惠康机电成套有限公司

1988 年，陈平生利用兴华砖瓦厂的旧厂房创办兴华特种塑料厂，主要生产机械密封件产品。1997 年改制后，工厂不断发展壮大，除产品绿色环保外，现已建设成为花园式工厂，厂区内不仅有树木花草，还有雕塑、喷泉、假山、池塘。

2000 年 1 月，兴华特种塑料厂更名为镇江惠康机电设备有限公司。公司在原有产品基础上，成功研发出石墨浸锑制品。目前公司拥有国内最先进的石墨浸锑加工设备和工艺。产品被北京电力设备总厂、北方重工集团有限公司、长春电力设备修造总厂等相关单位选为主机配套产品。

公司年产值稳定在 900 万元，上缴国家利税 100 万元。

陈平生致富不忘回报社会，热心公益事业，自创办兴华特种塑料厂至今，每年均无偿向村提供福利基金，从未间断。

第七节　华良建筑工程队

在兴华，有这样一句名言："三代做官，不可轻师慢匠。"因为工匠是人民生活不可或缺的依靠，是社会主义的建设者。他们虽是个体经营，单打独斗，八仙过海，各显神通，但也不乏颇有将才的领军人物。朱秀华、朱秀良就是其中的杰出代表。

朱秀华和朱秀良兄弟俩，中学毕业后，继承父业，版筑为墙，由于手艺精湛又聪明能干，在 20 世纪 80 年代中期就组建了建筑工程队，当地群众称之为华良建筑工程队，隶属镇江联鑫建筑安装工程有限公司。工程队拥有正式工 20 多人，机械设备齐全，安全设备俱备，取得了上级有关部门颁发的营业执照和施工许可证，准建 15 层以下的楼房。

自 1993 年以来，该工程队先后中标并承建了团结小学的办公楼和教学楼、南方集团的厂区大楼和办公楼、广源集团大楼、兴华村服务大楼等。2016 年，工程队为兴华村建成 6 层高的企业办公大楼；此外，还中标修建过二墩港大闸和二墩港闸站。所建工程经质监部门检查验收，全部合格。

该工程队始终坚持"质量第一、信誉至上"的宗旨，在兴华村及其周边地区乃至江洲上下，都享有较高声誉，一年四季，春夏秋冬，承接的大小工程从不间断。

第八节　扬中市远洋船舶阀门有限公司

公司成立于 1984 年，成立之初仅为上海造船厂造机分厂提供配套服务，当时生产的产品有缸套注油枪、缸盖示功阀及部分标准件。随着规模不断发展壮大，公司于 1990 年相继成为上海、大连及宜昌等地船舶柴油机厂等的合格供应方，产品也扩展拥有了管路球阀、蝶阀、止回阀、截止阀、控制阀等。同年，工厂更名为扬中市远洋船舶阀门厂，至 1997 年扬中市远洋船舶阀门有限公司正式成立，并非常荣幸地获得中国船舶工业总公司颁发的首批“低速柴油机配套件定点厂”证书。长期以来，公司产品受到用户的一致好评，先后与新成立的青岛、合肥熔安、江苏安泰、珠海玉柴等船舶柴油机厂建立了良好的配套关系。客户囊括了国内所有低速柴油机厂家，配套产品也不断增加，包括防爆帽、燃油调节阀等。随着市场不断发展的需要，在 2014 年新厂区建成后，公司注册资金达到 5000 万元，占地面积达到 2 万平方米，生产能力及质量把控能力有了大幅度提高，所有产品能够很好地满足客户需要。

现在公司正在研发生产双燃料机的部分配套产品，争取更好地为低速柴油机提供最好服务。满足市场需要，让客户满意，是公司的宗旨。

董事长徐成洪热忱欢迎新老客户和社会贤达莅临指导！

第九节 江苏海鹰电气有限公司

江苏海鹰电气有限公司原名镇江市海鹰电器有限公司，由创始人郭俊伟先生于2005年6月成立。公司主要从事高低压配电柜、高低压母线槽和各类桥架的生产制造和销售。

公司产品广泛应用于航空、航天、船舶、电力等高新技术领域，尤其在航空领域占有较高的份额。

经过全体员工不懈努力，公司于2015年收购了长旺江星电器设备有限公司，并翻建了生产车间和办公区域；于2019年收购了江苏广源豆制品厂，成功入驻三茅街道兴华村工业园区，成为兴华村众多企业中的一员。

如今，公司全体员工将在总经理郭聪健的带领之下，努力奋斗，创造一个又一个辉煌。

第十节　江苏泰德环保设备有限公司

江苏泰德环保设备有限公司（简称泰德公司）成立于 2011 年，位于风景秀丽拥有“电气之乡”称号的江苏省扬中市。

泰德公司主要为中石化、中石油、中海油及各炼化、化工企业提供合格的采样器及石化配件产品。公司成立之初依靠租用厂房办公，通过几年不断努力，在 2019 年拥有了自己的生产车间及办公科研场所。

泰德公司现拥有 1 万多平方米的生产车间、1200 多平方米的研发场所，拥有 20 多种大型精密的检测、数控加工设备，有专业技术人员 18 名，是集产品研发、生产、销售为一体的高新技术企业。公司产品广泛应用于石油、化工、天然气等领域，是中石化、中石油、中海油的合格供应商。

泰德公司秉承“质量第一，客户至上”的方针，贯彻“精益求精，铸就典范”的价值追求，恪守“诚信、共赢”的理念，不断开拓创新，为客户提供一流的产品、一流的服务。

泰德公司坚持“科技是第一生产力”的信念，先后与各大专科院校和科研单位建立紧密的协作关系，推动产品的创新，为广大用户提供“长、稳、优”的产品。迄今为止，公司拥有专利10余项，产品被评为“江苏省名牌产品”，企业被列为“重合同守信用企业”，专业的产品，优良的服务，赢得了用户的一致好评与肯定。

公司董事长石冬林不但具有顽强的创业精神，而且政治上要求进步，有坚定的理想信念，是企业界的优秀共产党员。他具有饱满的家国情怀，热心兴华村的公益事业，助力兴华村的经济发展。他尊师重教，支持兴华村以文兴村，捐资赞助《美丽兴华》的出版和村史馆、乡贤馆的筹建。泰德公司在现任董事长石冬林的领导下，正敞开自己博大的胸怀，热烈欢迎新老客户和社会贤达莅临指导！

第四章　拳拳乡愁

兴华人民热爱伟大的祖国，热爱先辈开发的土地，热爱养育自己的家乡。每一个人心中都有剪不断的乡愁，无论是足不出户，还是在异国他乡天涯海角，兴华的过去、昨天和今天，无时无刻不在脑海中萦绕。这种朴素而真挚的情感是兴华人民建设强富美高新兴华的强大动力。

第一节　二墩港纪事

郑叔裔

三茅大港的北端叫作二墩子港，简称二墩港。其港口原在今三茅街道民主村北端（原前进村 1 组）与兴华村 18 组的交界处，距现在的港口（兴华村 1 组）约 2 公里，人们习惯上把这 2 公里长、60 多米宽的港段统称为二墩港。

由于扬中属于长江中的淤泥冲积形成的平原，在当时的二墩港附近有一座隆起的馒头状的大土墩，其他地方也有类似的土墩子，于是人们便根据墩子的大小和露出水面的先后顺序为其命名，二墩港由此得名。另有一说，二墩港因附近有两个土墩而得名。

清末民初，二墩港口有一条与之垂直的夹江，西连丰裕的王陆港，东至原三滧的杜家港。夹江北面则是江中的泥沙淤积形成的新滩，名为德生洲，又称板儿沙。民国初期，这块上起原朝阳村下至原板沙的数千亩沃滩，绝大部分被大户杜三（杜楚卿）、王永寿、李元刚和陈太元等从沙田局购买占有，他们私建庄房，招佃围田，雇农耕种，收取地租。大江南北前来开垦种植的移民只占少部分。

随着村落的形成、人口的增加，国民党扬中县政府在此设北固乡（抗战后改称北屏乡，新中国成立后以二墩港为界分为北固乡和板沙乡），先后任命黄南甫、袁成林、李元亨等人为乡长。

民国二十四年，即 1935 年，县长洪康燮招民工万人浚深二墩港，筑东坝，将三茅镇与北固乡连成一体，并将二墩港向北延伸 2 公里与长江交汇。

据兴华村 8 组李全本老人回忆，当年，洪县长头戴草帽，身着短褂，脚穿草鞋，亲自挖土挑泥，休息吃饭均与民工在一起，并与民工亲切交谈，拉家常。洪县长还责成大户杜三、王永寿为浚港出资出力，用计迫使豪强顾先知、王兰参加挑泥，此举深受百姓称赞。

浚深后的二墩港，在当时引长江之水灌溉了三茅大港两岸的农田，西经三叉河、王陆港灌溉了钟灵、毓秀乡的大片农田，向南流经下家桥、中八桥为普济乡送去了农民需求的江水，经原夹江向东供水可达长乐乡和三跃乡。同时，港道疏浚，水流畅通，积水易排，减少了内涝灾害。

浚深后的二墩港在扬中的水上交通中发挥了重大作用，南来北往的木帆、拖驳可以从二墩港进出扬中，开往苏北和江南，既缩短了航程，又避免了船经三江营的风浪之险。那时二墩港两岸的百姓站在家门口就可以看到木帆船的连连帆影，听到拖驳船的隆隆机声。

二墩港北延之后，当时新建了简易的渡运码头，每天有一条小木船与泰兴龙窝口的木船往来对开，运送商贾旅客。从上海大达码头开往龙窝口的客轮也开始在二墩港一侧的江面停留，用小划子（小木船）运送扬中的旅客。港湾里聚集了10多条渔船，春捕三鲜，秋捞鳗鱼。港岸上有朱锦寿、张德寿等人开的10多家商店、饭馆和鱼行，还有2家旅社，接待因风雨不便、时间不巧、不能过江的旅客。那时，当地的百姓称二墩港为盘头街。

民国二十五年，即1936年，县长洪康燮又调拨公款征用民工，将三茅至二墩港的东侧港岸加高加宽，中间用条石铺道，以方便行人商贩走路和推车。同时在二墩港码头设巡司(同派出所)，有两名巡捕，巡官叫胡玉昌（与共产党干部钱汉珊有交，受其影响，具有民族气节，日伪时期不愿助敌为奸，被大汉奸季广根撤职）。洪康燮还派人在二墩港码头安装了一台小型发电机，为巡司和各个商店装上电灯，一到晚上，码头上灯火通明。百姓深感稀奇，晚饭之后，常去观看。

1938年2月6日，汉奸郭葆鑫从镇江带领日军中岛部队100余人在二墩港登陆，直窜三茅。当时，县长洪康燮正带着2名随行人员站在三茅北街的当铺桥上(又名中和桥，“文革”时改称联盟桥，系江洲大桥前身)用望远镜观察敌情，看到日军逼近，旋即绕道长旺，从头墩子过江，经丹徒姚桥前往上海，避住在扬中旅沪同乡会会长徐中和先生经营的大孚橡胶厂，后在上海挂牌当律师。日军估计他会从沙家港过江，紧追未果，遂在三茅附近杀害了6名群众，借以泄愤。

2月11日，小股日军又从二墩港登陆，骚扰三茅镇一天。

日军占领扬中以后，培植汉奸，成立伪政府。扬中进入了日伪时期和抗战时期。日伪军在二墩港设立据点，港口两岸设了竹栅作为关卡，对过路行人和来往客商都要进行严格搜查。地痞、流氓、强盗、土匪与汉奸勾结，狼狈为奸，鱼肉百姓。盘踞在龙窝口、永安洲一带的强盗经常乘天黑之时，在二墩港附近江滩上岸，掳掠抢劫。稍富一点的人家是他们抢劫的重点。当地有一地痞为他们通风报信和带路。

有一年秋天，家住二墩港三星圩的上海工人郑灿章回乡探亲。强盗很快得知，当晚便潜伏在他家附近，假意高喊："抓强盗啊！"郑灿章不知是计，开门助呼，随即被强盗抓住，五花大绑，蒙上眼睛，带至龙窝口吊打，勒索钱财。后经堂兄郑渭泉先生出资相助，花了 10 石大米将他救出，但他的一只手已被吊成残疾，屈伸不便。和郑灿章同时被强盗绑架的还有赵善荣、钱发春。

二墩港的百姓迫不得已，奋起自卫，在村头埭尾搭建更棚，轮流看夜打更，强盗一有动静，便鸣锣为号，家家户户不约而同拿起钉耙锄头呐喊追赶，使强盗不敢轻易再来。

陈毅元帅曾把扬中誉为沟通大江南北的"江心跳板"，二墩港正是这跳板的一端，是扬中的北大门，战略地位十分重要。

1949 年，春节刚过，国民党军队在苏北战场节节败退，医疗部队和部分作战部队退驻扬中。121 团卫生连驻在二墩港东的三星圩，连长傅天禄及其太太住在原乡长李元亨家，医务人员和普通士兵分散住在老百姓家里。

每天上午，二墩港口的几艘军用汽艇便会满载着荷枪实弹的士兵开往苏北增援，傍晚时分又载着头破血流残腿断臂的伤兵返回。三星圩东西的两个碾坊里住满了伤员，医不活的就被送到港西的荒冢埋掉。这时的国民党军队已被解放军打得晕头转向。记得农历三月上旬的一天，晚饭之后，一架国民党飞机飞到二墩港上空，将一枚炸弹投在距卫生连驻地仅100多米的我家麦田里，爆炸声如同霹雳，弹片横飞，火光冲天，麦田被炸了一个又大又深的塘，渗出了汩汩的地下水。我家的草屋被震得摇摇晃晃，笆壁上的护泥哗哗下落。姐姐和我吓得目瞪口呆，住在我家的军医曾庆高和看护长杨守浩也被吓得惊慌失措。

由于二墩港距扬中县府三茅镇和泰兴的口岸镇都不远，国民党军队估计驻扎在口岸的人民解放军三野二十军部队渡江作战会从二墩港登陆，遂加强了防务，在二墩港西面的福兴圩和东面的花鱼套构筑了碉堡，在港西今东风村的一块高地上架设了大炮；还责成当时的北屏乡乡长杜祥友带领保长和甲长强迫老百姓砍竹削尖，遍插江滩，以阻挡解放军登陆。但已是螳臂当车，实在可笑。中共扬中地下党组织对此采取了相应的对策，在二墩港一带秘密组建了江防分队，任命今兴华村 14 组的翟瑞生为分队长，随时为解放军递送情报，并做好接应准备。

4 月 22 日清晨，解放军二十军五十九师和六十师出其不意分别从江都的嘶马、杨家湾和泰兴的龙窝口、永安洲一带强渡长江，分别在扬中的万福桥码头和东新港一带登陆，势如破竹，一举解放了扬中。二墩港的国民党守军知道大势已去，败局已定，于天亮之前，经沙家港过江仓皇南逃。

二墩港地区的老百姓和全县人民一样，敲锣打鼓，欢庆胜利。不知哪位文艺工作者还编了一段歌词教唱：“四月二十二哪，日子真难忘啊，百万的大军渡呀么渡长江啊，人民出苦海哟，见到了红太阳啊，处处敲起了翻身鼓，人人心里把歌唱，哎嗨哎嗨哟，欢呼大解放啊！”

二墩港历史不长，但文化底蕴不浅。北固设乡不久，当地百姓集资在港东今兴华村 10 组地界建了一座规模不大的土地庙，庙的正堂后壁供奉着土地菩萨的画像，两边有两副楹联。一副是：“远近达道逍遥过，进退连还遇运通。”这副楹联的对仗虽算不上十分工整，但上下联 14 个字的偏旁都用了“之”字，很不简单。另一副是北固乡第四任乡长刘友松塾师所撰，内容是：“问之不答求之应，听则无声叩则灵。”此联虽带迷信色彩，但对仗颇为工整。

土地庙建成后，每年农历七月初二，百姓们都要相约，有的七八家，有的十多户，轮流坐庄，经办小型土地会。方法是带着鱼肉等贡品到庙里祭拜，回头到庄主家吃饭。经费是平均摊派。目的是祈求风调雨顺五谷丰登。

农历正月十三(高灯)到十八(落灯)为灯节。在此期间，每天晚上，家家户户都要带着自备的灯具到土地庙前立杆悬挂。灯的造型和大小不一，有的小巧玲珑，有的美观大方，里面的底座可以插烛点灯，灯光一亮，灯的四壁或周壁会显示出“国泰民安”等字样。

如有不孕不育的年轻夫妇想早生贵子，或是有人生病的家庭想祛邪避灾，可以向灯会主管申请挂头灯。所谓挂头灯，就是每天晚上挂灯的时间最早，挂的位置最高，灯体要最大，灯光要最亮。这种风俗一直沿袭到 1958 年土地庙被拆除为止。

自 1950 年三星小学创办后，虽然学校规模小、条件差，但也为国家培养了不少人才。其中有三茅中心校校长杨九林，有丹阳松卜中心校校长赵瑞祥，有在朝鲜战场光荣牺牲的烈士蔡兆富，还有中国人民解放军南海舰队海军大校时文亮。

二墩港与长江交汇，是扬中重要的渔港。这里盛产被称为“长江三鲜”的刀鱼、鲥鱼、河豚。新中国成立前就有很多来自各地的渔船聚集在这里捕捞，江边每隔一段还有渔民设置的扳罾和套网。每年春节过后，三鲜开始上市，鱼商鱼贩蜂拥而至，热闹非凡。到了秋天，东北风一刮，江里的鳗鱼鱼阵如千军万马冲锋向前。有经验的渔民总要在鱼阵接近尾声时才张网捕捞，以免鱼网被鱼阵搅破。与此同时，还能捕到成千上万的小刀鱼和小鲥鱼，时称刀鱼丝和鲥鱼片。除鱼商鱼贩外，附近的农民也忙里抽闲带着竹箅子（竹筐）到渔船上批发，然后走村串户叫卖，俗称“挑鲜”。

新中国成立后，随着合作化高潮的到来，人民政府把二墩港的渔民组织起来成立了渔业生产合作社。1958 年 5 月 20 日，二墩港渔业社筹资 2.5 万元，购买了全县第一艘 35 吨机帆船投入生产，鱼产量成倍翻番。

1959 年，扬中县成立的水产公司在二墩港东岸三星圩西埭头造了一幢主体为砖木结构的四方形冰库，又叫冰房，高约 5 米，面积约 100 平方米。外围除东面留一大门外，其余均用土覆埋。库顶为竹架、芦席、稻草盖成，呈方馒形，上开一扇天窗式的小门，叫作天门。到了冬天，水产公司发动群众半夜敲冰，收购后将大量冰块从天门倒入冰库。一到春天，水产公司从渔业社收购的刀鱼、鲥鱼便先冷藏在冰库里，然后再把鱼放在加入冰块的木桶里面，远销南京、上海等地。1969年，因拓浚二墩港，建造通江大闸，冰库被拆除。

近年来，由于长江水源受到污染，鱼产量逐年减少，但水产养殖技术的提升和国家对渔业资源的保护弥补了这一缺憾。二墩港有陈福全等5家渔民正常生产，隶属王三套渔业社。港里有2家用淘汰的水泥船装饰的餐馆，豪华美观，分别悬挂着“品长江三鲜美味，览泰州大桥风貌”和“江鲜第一船”的横幅，十分醒目。2020年年初，为贯彻落实中央指示精神，根据长江十年禁渔计划，开始实施十年禁捕。兴华关闭了2个水上江鲜餐厅，征收了渔民的渔具，落实渔民上岸就业的政策。

扬中四面环江，境内河港纵横，水上交通发达，舟船无数。原二墩港口今民主村22组地界，有一块地势较高、面积较大的港滩。每到运输淡季，船主们都要把船开到这里拖上港滩，检修保养。工匠们将熟石灰、麻丝、桐油搅拌在一起，锤打成油石灰，嵌进船缝，对稍有腐蚀的船板进行更换，对篷帆桅杆逐一检修，最后还要把船体全部用桐油刷上两遍。斧头榔头敲击锤打的声音伴随着嘈杂的人声此起彼伏，不绝于耳。

新中国成立后，扬中县人民政府成立了船舶管理所（后升格为航运社和航运公司），并因地制宜在这里建立了当时扬中最大的也是唯一的船舶修造厂。起初工厂以修理木帆船为主，20 世纪 70 年代开始设计制造水泥船。紧接着，全厂职工上下一心，团结一致，解放思想，大力开展技术革新运动，自行设计建造了一艘载重 60 吨的机动货运铁船，填补了扬中造船史的空白，轰动全县；继而又陆续制造了 10 多艘 25 米长 80 匹马力的拖轮，为扬中的水上交通发展做出了不可磨灭的贡献。

20 世纪 90 年代，随着公路交通日益发达，特别是扬中大桥建成通车以后，扬中的水上交通日渐萎缩。木帆船、水泥船逐步被淘汰，用于内河航运的拖轮也开始引退。扬中船厂适时更名，转向生产不锈钢门窗等产品。2003 年，扬中船厂进行改制，厂房、设备等全部转让给奥力神车辆装饰有限公司等企业。

1969 年 12 月下旬，扬中县革命委员会成立了三茅大港水利工程指挥部，原任县委书记的李明远任总指挥，组织了全县 19000 多人的水利大军，经过 2 个月的苦战，按航道标准拓浚了包括二墩港在内的三茅大港；同时动工兴建二墩港通江大闸，取名东方红大闸。翌年 7 月大闸建成，与沙家港通江大闸南呼北应，控制了三茅大港的水位，防洪面积达 32 平方公里，排灌农田 2.4 万亩，能通航 100 吨位的船只。

二墩港大闸建成后，闸里闸外成了黄沙、石子、砖头等建筑材料的集散处。港里停泊的大小船只首尾相接，装卸砖头的民工号子连天，运送沙石的拖拉机川流不息。港岸边商铺林立，菜摊遍布，十分热闹，直到扬中大桥通车以后方始冷落。

对扬中而言，二墩港堪称古渡要津。但在历史上，人们在此往来大江南北仅靠风帆舟楫，既不安全也不方便。一旦台风骤起，浊浪排空，商贾旅客只能望江兴叹。

20世纪70年代初，二墩港渡口与高港渡口(原龙窝口渡口西迁更名)达成协议，并经上级主管部门批准，双方改用机动船载客，每天4班，旅客多时，酌情加班，不但方便了旅客，安全系数也大大提高了。

然而，从扬中到苏北的车辆要从栏杆桥绕道镇江再经镇江至扬州的汽渡前往，沿途要过2次江，路程远，时间长，极为不便。为了改变这一交通落后的状况，1991年，扬中县委、县政府与高港港务局洽商，由扬中汽车轮渡管理处和高港港务局共同筹建扬高汽渡。其南岸渡口位于二墩港之东200米处。1992年12月动工，1994年6月18日通航。码头标准宽34米，跑道长80米，可同时停靠2艘20车渡，日通渡能力2500辆次，总投资达2500万元。

扬高汽渡的通航，是二墩港渡口历史性的变化和跨越式的发展，有诗为证：

摇橹波涛间，
小木船，
四面是水一面天，
南来北往客，
心惊且胆寒。
改革开放年，
汽渡船，
人渡车渡共悠闲，
浪中履平地，
往来须臾间。

扬高汽渡的通航不仅改善了扬中的南北交通，有利于扬中的经济发展，而且促进了苏南苏北经济和文化的交流。

2001 年 8 月 18 日，江苏省水利厅向镇江市水利局下发了《关于扬中市二墩港闸改建工程可行性研究报告的批复》。批复同意重建二墩港闸，兼顾改善三茅港两岸地区的排涝，结合兴建排涝泵站，按二级水工建筑物标准设计，挡洪水位按长江百年一遇高水位设计，按两百年一遇高水位校核。二墩港新闸由扬中市水利农机局主建，2001 年 11 月开工，2003 年 4 月建成，总投资 1315 万元。该工程为闸站结合工程，故取名二墩港闸站，距老闸向北 220 米，主体采用五孔一联整体结构，中间为节制闸，排涝站对称分布于节制闸两侧。闸内港侧设宽 3.5 米、长 25 米跨港交通便桥一座，桥的两边设有新颖美观的大理石栏杆。闸墩顶高程 9.5 米，工作桥排架顶高程 19.4 米，外观雄伟而壮丽。长江侧、内港侧均有水泥浇成的护坡，质量坚固。闸站的上部工房面积为 923 平方米，生活用房面积为 553 平方米，设施齐全。

二墩港闸站在防洪、排涝、灌溉及改善内港水质等方面发挥了重大的作用。笔者曾草诗一首："冲天浩气贯长虹，坐镇江洲锁蛟龙。灌溉防洪双剑舞，旱魔水怪影无踪。"

扬中市水利农机局本着"建设生态文明，坚持人水和谐"的理念，十分重视对闸站的管理。下设专业的闸站管理所，在闸管区域种植了花草树木，在闸站的四角翼墙内设计建造了分别具有春夏秋冬特色的 4 个小园林；在堤顶沿港的路边设置了绿色网状的钢丝栅栏，对新建的闸站和原建的老闸进行过多次检修。2015 年 1 月，二墩港闸站管理所被评为江苏省一级水管单位。

如今，二墩港闸管区域的依依垂柳、如盖香樟、平静的港水，使人心旷神怡。每逢闸门开启，引进的长江之水在内港一侧汹涌澎湃，如千军呼啸，万马奔腾，使人心潮激荡，思绪万千。

站在闸站的高处，春可观两岸的滚滚麦浪，秋可闻两岸的稻谷清香。从三茅通往汽渡的三二公路上（后改为231省道，现升格为523国道），南来北往的车辆川流不息。园林式的金山学院和兴华社区大楼隔路相望，互映生辉。居民点上的琼楼别墅鳞次栉比。这一切，使人们真切地感受到：二墩港不乏田园风味，更具都市风光。

滚滚东流的长江之水孕育了扬中，也滋润了扬中。扬中因水的孕育而成长，因水的滋润而韵美。党的十八大以来，30万扬中人民为圆中国梦倾注的心血和汗水，将使扬中变得最美。二墩港将是最美扬中的一个极具魅力的景点和光彩夺目的亮点。

第二节　漫话三墩港

郑叔裔

三墩港位于二墩港下游1公里处，其名称的由来没有什么典故和传说，仅因当地百姓把它视为二墩港的兄弟。

据推算和分析，三墩港是在扬中的中心洲地形成之时，由长江水冲击淤泥留下的水槽。移居到这一带的百姓根据生产和生活的需要，适当进行拓宽浚深，两边筑起比较高大的土埂，形成港堤和道路，既挡潮水又能行人。所以在扬中，三墩港的历史比较悠久。无论是光绪五年（1879年）丹徒县境略图（扬中部分），还是宣统三年（1911年）德兴、德生两洲的地图，都有它的显著标志和名称。

三墩港原来的港口在原群英村8组和前进村1组之间，与当年的夹江（即王陆港到杜家塘的一段小江）交汇。

民国后期，地方政府曾想按洪康燮县长北延二墩港的办法，使三墩港穿今兴华村北延，与二墩港平头。但因长江中的泥沙淤积形成的新滩（今兴华村6组部分），已被泰兴刁铺迁来的大户凌二凌三向沙田局买下，并已围垦成生字圩。凌家兄弟拒不同意，并告至上级官府胜诉。地方政府不得不让步，将三墩港转弯向东500米左右，经过今兴华村与指南村的交界处北延到江滩。港口筑一大坝，下造水洞（木建的涵闸）1个，用于排涝和灌溉。1951年，扬中县人民政府发动群众在这里的江滩围垦团结圩（今兴华村3、4组），面积达 200 余亩。后将三墩港进一步北延约 600 米至长江边，与二墩港平头。大坝同时北迁江边，下建钢筋水泥涵闸。

三墩港流经现在的兴华、指南、民主、三桥和大众 5 个村，全长约 5 公里，宽 20 多米。南端像根须一样的 2 条小港分别延伸到当时的眼药庙和中八桥。

三墩港作为二墩港的兄弟港，在历史上的主要作用是协助二墩港灌溉和排涝，没有内航和外运的任务。它流经的每一个村庄和圩口都造有水洞，有的水洞旁附设车水塘，一旦发生内涝，积水难排，庄稼被淹，则调集人力车水排涝。一线水车完（人扶车杠，脚踏车轴上的榔头，快跑约 3 公里），那“盼盼”的锣声中仿佛夹杂着车水农民眉毛上滴水的声音，其辛苦和劳累的程度，恐怕是现在的年轻人难以想象和承受的。

1958 年，县人民政府在原前进村 1 组三茅大港的东岸，造了一座大型的钢筋水泥涵闸，连通三墩港。1965 年，大众人民公社又在这里加造了一座大型机电排灌站，使三墩港为整个大众公社即三茅大港东片的防洪灌溉发挥了很大的作用。

在人们的记忆中，“春风杨柳家乡路，小桥流水三墩港”。当年的三墩港，杨柳依依，流水潺潺。港上的爬爬桥、晃晃桥、木桥、石桥，不一而足。其中颇有名气的有陆家桥、三张桥、合兴桥和莲子桥。这些桥既方便了行人，又凝聚了人心，更密切了亲情。很多东岸的闺女成了西岸的好儿媳，不少西岸的青年做了东岸的快婿。

陆家桥横跨在民主村的港段上，造型和结构基本上和至今保存完好的中八桥一样，桥枕、桥桩、桥面，均使用坚实厚重的条形花岗石。因两边居住的都是陆姓人家，当年造桥的发起人又姓陆，捐款者大多数也姓陆，故名陆家桥。经走访得知，因这里的港段被废，陆家桥已被拆卖，仅留了一块刻有捐款者姓名的桥石，以作纪念。笔者曾草诗一首，以期中华民族的传统美德和上善若水的扬中精神能进一步发扬光大。现顺录如下：

先人善举造桥梁，历历碑文记载详。

雨箭霜刀终不毁，长留后世效贤良。

三张桥在三桥村境内，三桥村因它而得名。历史上，这里有 2 条不大的支港与三墩港交汇，南来北往的百姓深感不便，相约集资在交汇处一口气造了三张石桥，形成鼎足之势，轰动了当时管辖这里的丹徒县，县府对此特予嘉奖。光绪五年（1879 年）绘制的丹徒县志图（今扬中部分），赫然标有“三墩港”和“三张桥”6 个清晰的汉字，久负盛名的三茅大桥却未能享此殊荣。可想而知，当年的三张桥知名度之高，影响力之大。遗憾的是，比周庄的双桥还多一桥的三张桥已不复存在。否则，今天，地处黄金地段、文明和谐、美丽富裕的三桥村，在三张古桥的点缀下，足可以和周庄媲美，与双桥争雄，吸引更多的中外游客到扬中来观光旅游。

合兴桥也是一座石桥，位于大众村。它蕴含的“家和（合）万事兴”之意，永远铭刻在人们的心里。

莲子桥虽然是一座简易而普通的木桥，却有一段美丽动人的爱情故事。传说很早以前，该桥附近有一小小的荷塘，仲夏时节，一位放假回家路过这里的书生，看到塘中开出了一朵鲜艳的荷花，触景生情，联想自己，年已廿六，尚未婚配，不禁叹道：“池内荷花单照影。”恰巧塘边有一年轻漂亮的女子正在浣衣，听了以后，脱口而出：“何时方结并蒂莲？”真是天作巧合，才子遇到佳人。两人相对而视，互生爱慕之意，最后成为恩爱夫妻，就在附近安家落户，繁衍生息。从此，附近的村庄人才辈出。新中国成立后，这里一度成为全扬中大学生最多的村庄。

新中国成立前，三墩港北端东侧（今指南村），绝大部分良田为大户王永寿所有。为方便收租，他在紧靠三墩港边的今指南村 6 组建造了一座庄房，前后两进，坐北朝南，有房10多间，均为砖木结构，硬山式样。前有照墙，中有天井，后有仓库，规模仅次于板沙农场的前身——杜三庄房。新中国成立后，庄房被人民政府收归国有。1951年12月，新成立的扬中县供销合作社，为满足广大人民群众生活必需品的需要，在这里成立了板沙乡供应站（全县6个供应站之一），直到20世纪80年代废止。

抗日战争和解放战争时期，家住指南村和兴华村的黄礼华、翟瑞林先后被敌人杀害在三墩港畔的兴华村境内，后被追认为烈士。

岁月飞度，变化沧桑。随着扬中经济建设的发展，城乡一体化的形成，三墩港已基本上不复存在，仅存兴华村和指南村交界的一段，似一条狭长的小河。但生活在这里的人们永远不会忘记自己的脚下，曾经流淌过先辈的汗水、烈士的鲜血和滋润过家乡的三墩港中的江水。

第三节 母子圩的历史

奚彩屏

母子圩顾名思义，先有母后有子。母子圩是兴华村最早围垦种植和居住的地方，距今有 120 年左右的历史。母子圩在板儿沙的中段，二墩港的东侧。母子圩分为前圩和后圩，又分为上、中、下三匡，每匡之间有竖沟相隔。相传，上匡有吴成玉、朱六斤子（均为丹阳人），中匡有刘朋仁（民主村人）、魏清泉（英雄社区人），下匡有肖留兆（丹阳人）、郭大、郭三兄弟（靖江人），以上三匡的圩头牵头组织围堤造田，可耕地面积 300 余亩。另有前、后、左、右、东、西六面挂脚田，外加厚字圩前后两面外挂脚田。所谓挂脚田，一是因为围堤时取土和保堤需要，二是因为圩内进水和排水方便，更主要的是母子圩的先民们很聪明，挂脚田一般不计算在正田亩数之内，可以不缴税不纳粮。当然，如果租种还是要交租的。如果买卖，不仅要计算面积，临近河边还要购买五尺水面。否则，干旱时不得到河里取水；雨涝时，不得将田间积水排入河中。

母子圩围垦前后 50 余年间，先后又围厚字圩（又叫新圩）、三星圩、长兴圩、永胜圩、南挂耳、吴家圩、生字圩、高照圩、财字圩、寿字圩，最迟的合兴圩围于 1946 年，团结圩围于 1951 年。自此，兴华村全域面积全部形成。

母子圩的耕地原属兴华村 10—13 组村民集体所有，2002 年开始，被金山学院征用，后来又被南方矿业集团和钢材市场相继征用。10—13组村民相继迁往兴华村2号居民点定居，母子圩不复存在。

第四节　小夹江的沧桑

奚彩屏

兴华村与民主村交界处原有一条小江相隔（这一狭长的沙滩名叫板儿沙），当时这条小江上游起自今兴阳村的联丰港，下游止于永勤村的石城港。起初，三茅一带称之为洲上，板儿沙一带则称之为沙上。沙上的居民如果要去洲上，均要从今18组二墩港边搭渡船才能到。同样，洲上的人如果要到沙上也要通过渡船才能到，交通极为不便。1935年洪康燮主政扬中疏浚三茅大港时，据说在今兴华村18组与今永兴集团交界处，购买民用小木船先沉入江底，然后发动民工挑土筑成大坝，将小江从中间切断，使洲上、沙上连接起来，以方便百姓出行。从此，小江上的船舶航行逐渐消失。直到1958年春，人民政府在锦程村地段的小江上修筑东方大坝，建造涵闸，控制江水，彻底改变了小江自然潮汐的状况。1976年开挖扬子河和永勤河时将小江切成几段。1977年平整东进农场时又先将锦程村境内的小江填平。兴华村境内，1946 年围合兴圩时，将小江从中又切一段。扬中市第二高级中学建校时将校园内的小江填平。现在兴华村境内仅存 2 号居民点与民主村交界处的一段小河，这就是当年小夹江的遗迹。

第五节　吴家圩的今昔

奚彩屏

相传，丹阳城里有吴氏三兄弟，老大名叫吴玉宛，老二名叫吴玉松，老三名叫吴玉庆。兄弟三人有祖遗的房屋前后三进，每进三间，临街的作店面，后两进住家。老二吴玉松在镇江钱粮会（相当于今天的税务局）任职，知道板儿沙母子圩南面沙滩没有人申报，于是就抢先向沙田局申报水影①。得到批准后，吴氏兄弟招募张志泰、张信泰兄弟等苏北民工垒堤围田，面积 30 余亩，取名吴家圩。

后来，吴氏三兄弟分家时，吴玉松用丹阳的房产

①长江中新涨沙滩，涨潮时沉入水下，落潮时露出水面，没有围垦前为官府所有，向官府交纳一定的银两，便可得相应面积沙滩所有权，办理过程称为申报水影。

与吴玉宛交换，吴玉宛将吴家圩的田产给了吴玉松。这样，吴玉松的田产占吴家圩面积的三分之二，吴玉庆的占三分之一。1950 年土改时，吴玉松因田多租给佃农耕种，被划为地主成分，房产正房分给 13 组的村民王道金，厢房分给朱宝富、朱宝贵、朱宝银兄弟。扬中筹建良种场时，吴玉松户被政府强制迁往油坊镇虹桥村（今良善村）居住。吴玉庆因田少自己耕种，土改时，被定为中农成分。

新中国成立后，吴家圩更名为胜利圩，寓意中国革命胜利了。胜利圩隶属于 18 组，20 世纪 60 年代曾种过黄豆，后旱改水[①]。2002 年，兴华村 2 号居民点扩容，胜利圩被征用给村民建房，地域在今 2 号居民点由北向南第 7 排至第 10 排之间。从此，胜利圩不复存在，成了人们心中的记忆。

第六节　美丽兴华江边景

钱积善　钱维亚

今兴华村是原团结、兴华两村组成的。先民大部

①旱田改水田，称为旱改水。

分是从各地奔沙滩垦荒而落户在这里的贫苦人。两村原来的经济基础都比较薄弱，谁也没有想到会有今天这样安居乐业的幸福生活。

兴华人倚江而居，兴华具有得天独厚的地理位置，但也面临着繁重的治理任务。10多年前，沿江聚集了许多小微企业和众多杂乱无章的小型渔场。环境脏乱差，产生大量污染物，严重影响金州水务有限公司取水的水源质量，涉及全市人民饮用水的安全和人民的健康。

兴华人顾全大局、勇挑重担，积极配合市委、市政府下大力气进行岸线生态修复，从落后产能清退到人文环境提高，多管齐下，推动生产岸线向生态岸线转型。

不向钱看向前看。2013年，兴华果断拆除污染严重的小微企业5家，取缔围网养殖面积500多平方米。虽然每年减少收益300多万，却仍投资1500多万元，确保项目整改到位。

1组、2组通过复垦、增地30多亩，流转土地近200亩，建成“生态农庄”。

征地78亩，将沿江20多户居民搬迁至居民点，保护、修复沿江生态环境。

实施长江生态湿地和绿色廊道工程。全面清理江堤环境，恢复江滩湿地。净化和调节水体生态功能，打造生态融合区、田园风光区、人文体验区。

2017年年底，开展“健康长江兴华行动”，将岸线确定为“一级水源保护区”。目前，已投入500余万元专门用于维持岸线自然属性。绿化面积累计达8000平方米，全方位保护、修复沿江生态环境。

兴华村重点打造了“四个变”。一是把岸线附近的农田改造成3000平方米的林带；二是把零星鱼塘改造成200余亩的湿地；三是拓宽改造江堤，使之成为“健康长江，快乐奔跑”赛道；四是把工厂打造成生态园，为满足村民日益增长的生活需求服务。

兴华村江边有许多扬中独一无二的景点：雄伟壮观的二墩港大闸；气势磅礴的扬高汽渡；规模宏大的金州水务有限公司；生态红线保护区；二墩港饮用水源地一级保护区；市环境保护局建起的“碳汇林”基地；名闻遐迩的河豚馆……吸引了许多观光赏景的游客。

2017年“11•8”指南村部分江岸坍江后，由国家投入财力，动用武警抢修重筑。最新设计、最新标准、坚如磐石的抗洪大堤，延伸至兴华地段，为兴华增添了一道靓丽的风景线。

长江一路东流，像一道漂亮的彩练，为兴华村创造了近2000米的“黄金水道”。如今，“一江清水，堤岸葱茏”，已成为兴华村高质量发展的鲜明特色。

清晨，信步堤顶公路，呼吸清新空气，微风拂面，薄雾缭绕，芦苇摇曳、鹭鸟齐飞的湿地风貌尽收眼底。堤岸鸟语花香，水中江豚逐浪，令人神清气爽。

东眺，朝霞满天，红日冉冉升起。大桥、渡口并驾齐驱，迎送南来北往的车辆。江面上百舸争流，热闹而繁忙。穿村而过的“三二线”已升格为国道，连接祖国的天南地北。“隔江千里远”的时代已成历史。

再看源源不断的过客，已看不到那焦急不安的神态，一个个衣着光鲜、时尚，举止文明、潇洒。船靠码头，汽笛一响，小轿车、摩托车、电瓶车纷纷启动，奔向远方。

待渡的乘客，悠闲自得，操着一口稍带方言味的非标准普通话，唠着家常。无论从语言、着装、发型还是神态，都难以分辨出苏南苏北人、城里乡下人。

傍晚西望，月映江水白，星闪太空亮，江中行船灯火点点。

隔江远望，昔日黑灯瞎火的长江北岸已是高楼林立，灯火万家。

回看堤内，低矮的茅草屋、简易的土坯房已无踪影。代之而起的居民点，环境优美、整洁漂亮。一日三餐，看不到袅袅炊烟，但饭桌上的饭菜可是丰富多样。

新农村规划科学，居住集中；隔田成方，沟渠成网，水系通畅。学校、工厂分布有序，书声琅琅、机声隆隆，各不相扰。医疗点、活动室，应有尽有。社区周边，饭店商场，星罗棋布。假日休息，港边河旁，三五成群，结伴垂钓，休闲观光。

日落时分，劳作一天的人们，陆陆续续驾车来到大堤。转眼间，大堤上人头攒动，车来人往，热闹非凡。其中有鹤发童颜的老人，有蹒跚学步的幼童，既有摄影的爱好者，也有采风写生的学生和画家，还有金山学院结伴而来的莘莘学子。当然，少不了谈情说爱的帅男靓女。更有甚者，衣着婚纱的新娘、新郎也将婚纱照的选景设在大堤上。

人们摄影的摄影，写生的写生。小伙子吹拉弹唱，姑娘们翩翩起舞。还有些年轻人自带食材、饮料和烤箱在大堤上吃起了烧烤，把酒言欢。不远处传来的琅琅书声、机器轰鸣声，与大堤上的人声、歌声、乐声融合在一起，成了一场无人指挥的大合唱。原本寂静的江岸变成了热闹非凡的游乐场，使人有身处上海外滩的感觉。

生态廊道成为人们向往的风景线。这里路宽、树多、水碧，人在堤上走，犹在画中游。美丽兴华，名不虚传！

第七节　兴华村沿江文旅观光记

——逛江堤、观江桥、赏江景、尝鱼鲜、忆江情

丁基彬

春风送爽，微风徐来！当您从紧张繁忙的工作中解脱出来，闲暇之余想让身心放松一下的时候，无论您在扬中的哪个角落，只要驱车 20 分钟（如在市内则只需 5 分钟）就可到达江边一角（二墩港江边）。

一脚刹车，眼前豁然开朗，母亲河长江就在您的眼前悠然自得地向东流去。脚下老二墩港轮渡（此处也是我们故事的起点），依稀能听到“让一让、让一让、上船了”的喊声，当时的繁华足以媲美镇江的西津渡。

由此向东 200 米您看到的二墩港汽渡，又称扬中汽渡。她是现代文明的产物，也是运送汽车过江的大力士，在她的一来一往一装一卸中，了却了多少商贾旅客深夜回家的难题。 时间回到 1949 年 4 月 22 日凌晨，枪声响起，仿佛可见长江北岸陈毅元帅站在制高

点，挥臂高呼：“打过长江去！解放全中国！”随着这一声令下，人民解放军百万雄师过长江的场景展现了：枪声大作，万炮齐鸣。平静的长江不再平静了，滚滚波涛上，枪林弹雨中，千帆竞发。三野二十军3个师的部队，分别从江都嘶马和泰兴的永安洲一带横渡大江，又分别在扬中万福桥和东新港登陆，一举解放了扬中，随后通过扬中这块天然跳板，进军江南，解放了全中国。

沿江堤继续向东，您紧张、骄傲的心情也许还没有完全平复，现在向右看，一大片绿色映入眼帘。哦！那是占地200余亩的新常态农庄，农庄经营者摒弃经济收益，毅然决然地走绿色农庄生态农庄的发展之路，栽种的珍贵树木有20余种，金丝楠木、株树、美国红枫、红豆杉……不一而足 。如今又栽下了可供游客采摘的果树，我相信等到明年再来的时候，这里一定是花果飘香、绿树成荫，更是三五好友、家人亲戚休闲的好地方。

离开农庄向前走去，一片长有千米、宽有百米的“金色”在阳光的照射下闪闪发光，一阵微风吹过，此起彼伏，宛如一条金色的地毯铺在江堤内坡之下。哦！油菜花！它的四周有序地安置着红色的宣传背板——“法治文化宣传阵地”，一路伴随着油菜花的花香，您可以同时汲取有关法律方面的知识。再向前，您会看到一片别致的建筑，它可了不得，它解决了全市 36 万市民的供水问题，说它是扬中人生命的源泉，一点也不为过。这就是扬中市第二自来水厂。

转过头放眼东望，华丽转身的江堤似一条钢铁长龙横卧江边，让人们无不感叹一个江中小岛现在已经变成了无论工业、农业还是水利都独占鳌头的经济强市（县）。“一桥飞架南北，天堑变通途”，泰州大桥就像一根金线把泰州、扬中、镇江、常州穿到了一起，也把京沪高速和沪宁高速连在了一起。而她的脚下就是震惊全国的塌江事件的现场——指南村和毗邻的兴华村。

时间仿佛又来到了 2017 年 11 月 8 日，据镇江扬中市网信办通报，11 月 8 日凌晨 5 时许，扬中市三茅街道指南村和兴华村交界处（指南村 15—16 组地段）发现坍江险情，坍江主江堤约 240 米，进深约 150 米。险情发生后，江苏省防指中心和镇江市、扬中市两级市委、市政府高度重视，第一时间组织人员赶赴现场进行抢险，人民子弟兵武警水电工程部队第一时间就来到了现场。他们虽经舟车劳顿，但顾不上休息，立即就投入救灾抢险之中，这一干就是几天几夜，正所谓“哪里有险情，哪里就有人民子弟兵”。经过坍江治理，受到严重影响的兴华4组面貌焕然一新，大片绿色的生态园林已经建成。

走了这一圈，相信您早已饥肠辘辘了，二墩港鱼馆、恒发渔港的大厨们准备了丰富的江鲜美食，刀鱼、河豚上桌了，是不是让您垂涎三尺、欲罢不能？当您酒足饭饱正愁无处消食的时候，您只要漫步百米就能来到江边，江对面是经济发展强市——泰州，夜晚尘嚣退去华灯初上，看着江对面的霓虹闪烁，仿佛到了上海的外滩。我想，您会感到不虚此行吧？

回程途中，意犹未尽，脑海中思潮仍在翻滚，口占小诗一首：曾与西津比闹忙，风帆载客过长江。而今远胜桃花源，万紫千红吐芬芳。

第五章　红色故事

抗日战争、解放战争和抗美援朝时期，在兴华这方热土上发生的红色故事，可歌可泣，感人至深，永远铭刻在广大人民的心中。

第一节　二墩港的枪声

郑叔裔

扬中四面环江，境内河港纵横，且多与长江交汇。其中最大的一条水系要数三茅大港，它横穿扬中的政治、经济、文化中心——三茅镇，其北端的港口，原在今兴华村 18 组与原王陆港至杜家塘的一条夹江的交汇处。据考证，当时的港口附近，有 2 个扬中成洲时由江中的泥沙淤积成的大土墩，恰似天然而显著的地标（其中一个一度被改造成烧砖的窑墩），因此当地百姓和往来扬中的商贾旅客就把这里的港口称为二墩港。

二墩港对面是一片新滩，上起兴阳，下到锦程，名为德生洲，又叫板儿沙。民国时期，由于沙上居住的移民日渐增多形成了村落，政府在这里设置了北固乡。

民国二十四年，即1935年，县长洪康燮招民工万人，浚深二墩港，筑东大坝，将三茅镇与北固乡连成一体，并把二墩港北延2公里，到现在的兴华村1组与长江交汇。

陈毅元帅曾把扬中誉为沟通大江南北的“江心跳板”，二墩港正是这跳板的一端，是扬中的北大门，在军事上是兵家必经和必争之地，战略地位十分重要。

1938年2月6日，汉奸郭葆鑫从镇江带领日军中岛部队100余人，分乘2艘军用汽艇沿江东下，到了二墩港口，放了一阵乱枪，见无动静，随即登陆，像一群恶狼，直窜三茅镇。

主政扬中的县长洪康燮，虽然在扬中的经济发展、文化教育、水利建设等方面颇有政绩，深受百姓称赞，但毕竟是儒生出身，不谙军事，虽感形势危急，却又无能为力。这天早晨，他得知日军要从二墩港进犯扬中，就带着两名随行人员到三茅镇北的当铺桥上观察敌情。从望远镜中，他看到日军的太阳旗越来越近，心想不能束手就擒当汉奸，也不能白白送死，决定“三十六计走为上”，随即绕道长旺，从头墩子过江，经姚桥前往上海，避住在扬中旅沪同乡会徐中和先生家，后在上海挂牌当律师。日军估计他会从沙家港过江， 但紧追未果，遂回头在三茅镇附近杀害了6名群众，借以泄愤。

2月11日，小股日军又从二墩港登陆，骚扰三茅镇一天，百姓深受其害。

日本侵略者两次从二墩港登陆进犯扬中的罪恶枪声，永远警示着我们：要牢记历史，不忘国耻，时刻警惕日本军国主义死灰复燃。

日军占领扬中以后，培植汉奸，成立伪政府。地痞、流氓、土匪、强盗与汉奸狼狈为奸，鱼肉人民。

中共扬中地下党组织为抗击侵略者，救人民于水火，相继建立了抗日武装和抗日民主政权，领导扬中人民开展了艰苦卓绝的斗争。

1942年夏天，扬中县抗日民主政府二区军事助理王渊鉴化装成商人，到二墩港侦察敌情。他虽然个子不高，中等身材，形体偏瘦，但十分精神。这次，他头顶新草帽，眼戴新墨镜，脚穿一双发亮的新皮鞋，香烟一衔，俨然一位阔气的大老板。他径直来到二墩港一家杂货店，说要谈点生意。

店主戴中文，家住三张桥，思想进步，赞同抗日，热情地接待了他。在倒茶、敬烟、寒暄之际，戴中文详细介绍了二墩港据点的敌情。原来，二墩港据点的伪军色厉内荏，看上去凶似豺狼，实际上胆小如鼠，晚上不敢在岸上过夜，只敢留在江中的小汽艇上，第二天早晨，在第一班渡船开船之前，他们会上岸搜查过往行人。多谋善断的王渊鉴当即决定，利用中元节那天商贩旅客要回家祭祖、码头上人员多杂的机会，伏击敌人。

农历七月十五，天亮之前，王渊鉴就带领 10 多名民兵埋伏在二墩港滩边的芦苇丛中。等到敌人的汽艇靠近岸边时，王渊鉴一声令下，枪声大作，子弹像雨点般射向敌人的汽艇，吓得敌人魂飞魄散，连忙开着汽艇逃回江心。王渊鉴也及时带领民兵沿着江滩撤退，分散隐蔽，以防敌人报复。

二墩港伏击战的正义枪声，大大震慑了敌人，也显示了扬中人民抗日的勇气和决心。

1945 年 5 月 25 日，苏中第五军分区司令员韦永义率领 2 个连，在扬中县抗日民主政府警卫营的配合下，攻入三茅镇，活捉了伪县长章谋，并乘胜向二墩港进军，拔除了敌人的据点。在这次战斗中，此起彼伏的枪声，是扬中人民抗战胜利的前奏曲。

7 月 15 日，在抗日军民的连续打击下，继任的伪县长郭占祺与驻三茅镇的日伪军如惊弓之鸟，从二墩港渡江向苏北逃窜，扬中县抗日民主政府二区区长钱汉珊部署民兵，在三茅至二墩港途中伏击，把敌人吓得吓得屁滚尿流。那噼噼啪啪的枪声犹如声声爆竹，宣告扬中全境光复，庆祝扬中人民的抗日斗争取得了全面而彻底的胜利。

第二节　翟瑞林英勇牺牲

郑叔裔

翟瑞林，1927 年 12 月出生于今三茅街道兴华村 14 组一个普通的农民家庭，1944 年参加革命，任扬中县抗日民主政府警卫团战士。

1946 年 7 月初，他随军北撤，在苏北的一次战斗中负伤，经参谋印世庸批准，回家养伤，隐蔽在新圩（又叫北挂耳，今兴华村 14 组）一间茅草屋里。不料风声走漏，8 月 1 日上午，国民党三茅区（二区）反动区长陆如理带着葛中彪等 5 名自卫队员袭击北挂耳，包围了翟瑞林居住的草屋，翟瑞林不幸被捕。午后，陆如理命葛中彪等人把翟瑞林押往三茅镇。一路上，翟瑞林大义凛然，不断痛骂国民党反动派是“走狗”，并把唾沫吐在敌人脸上。到了今兴华 17 组地界的小港边，敌人恼羞成怒，开枪杀害了他，翟瑞林为革命献出了宝贵的生命。（原载《群英谱》）

第三节　郭恒裕砂缸救党员

奚柏　宦全生

郭恒裕，1906年出生于兴华村母子圩（今10组），是一位贫困农民。1942年参加共产党领导的民兵组织。

1943年秋季的一天，中共扬中县委秘密党员朱松华遭到日伪军的追捕，躲到郭恒裕家。正在磨坊里干活的郭恒裕当机立断，把朱松华藏到一只放饲料的大砂缸里，在缸盖上铺上几捧稻草并放上几把弯刀和坏篓等杂物，然后把黄牛牵到砂缸旁吃草料。安排妥当后，他继续做家务。不一会儿，挨家挨户搜查的敌人来到郭家，见磨坊里又脏又乱，怪味熏人，除了一头黄牛和一些杂物，看不出什么可疑迹象。敌人追问郭恒裕："你有没有看见一个新四军从这儿经过？"郭恒裕不慌不忙地回答："我只顾打扫磨坊，没看见什么人。"敌人没再追问，便匆匆离开到别处追捕搜查了。朱松华转危为安，新中国成立后他后曾任中共扬中县委副书记。1958年，郭恒裕因病去世，但他智救中共地下党员的事迹至今还被传为佳话。

（原载《群英谱》）

第四节　蔡兆富抗美援朝

郑叔裔

蔡兆富小名三章，1931 年出生于三星圩（今兴华村第 9 村民小组）一个贫农家庭，父亲去世较早，从小随母亲长大，因家庭贫困，附近又没有学校，只读了一年的私塾就辍学了。尔后跟母亲和大哥下地劳动，样样农活都能干。

1950 年，朝鲜战争爆发。1951 年春天，他积极响应党和政府“抗美援朝，保家卫国”的号召，报名参加中国人民志愿军，经过短期的军训，就从镇江坐火车前往东北，跨过鸭绿江奔赴朝鲜战场。他放心母亲在家有大哥大嫂和侄儿们照顾，决心一心一意端起冲锋枪，奋勇杀敌，用生命和鲜血捍卫祖国的和平！不幸的是，在一次战斗前，他所在的部队刚要出发就遭到敌机的轰炸，他带着“出师未捷身先死，长使英雄泪满襟”的深深遗憾，光荣地牺牲了。蔡兆富虽然未能在战场上建功立业，但他积极响应党的号召，坚决听从祖国的召唤，“万里赴戎机”的精神永远值得兴华人民学习，《扬中县革命烈士英名录》永远记载着他的名字。

第五节　司令员夜渡长江

1938年6月，新四军第一支队司令员陈毅奉命率部离开南岭陵园，通过宣城铁路，向敌人侧背进军，进入苏南的茅山地区，着手创建茅山抗日根据地。接着，为贯彻中共中央的战略决策，他准备分兵渡江北上，开辟苏中抗日根据地。为此，他先后6次到扬中考察，确认扬中为“长江跳板”后，两渡苏北谋划。

1939年4月中旬的一天，陈毅首次从苏南经扬中这块跳板进入苏北。凌晨3时许，他带着两名警卫战士，从扬中二墩港附近（今三茅街道兴华村境内）的滩涂水边芦苇丛旁，悄悄上了事先联系好的小木船，机敏干练的艄公提示他们坐稳坐好，随即掌舵开船。时值春夏之交，一轮明月斜挂在朗星点缀的天幕上，辉洒大江，水光接天，江风阵阵，波涛滚滚。小船两舷发出唰唰的击水声，多么美好的一幅夜渡画面啊！陈毅本就是一位豪迈乐观的诗人，在戎马倥偬的战争年代和艰难困苦的岁月，从未忘记吟诗。此情此景，他更是诗情奔放，即兴口占两句：“战士静静听浪涛，江边明月照芦苇。”两名战士正在聆听，司令员口中却峰回路转，诵起了唐朝诗人张若虚《春江花月夜》

中的名句："江畔何年初见月，江月何年初照人？"并要求两名战士给予回答。两名战士十分尴尬地回答："不，不知道。"陈毅亲切温和地笑着说："你们不要害羞啊，我和你们一样，也不知道！"一位叱咤风云身经百战的将领和普通战士相处竟是如此的融洽，实在难能可贵，让人感动。

由于夜幕深沉，舟船都已靠岸停泊或进了港湾，江上行船畅通无阻，加上风顺水急，小船破浪前行，很快就到达长江北岸。

陈毅此次夜渡成功，顺利北上，拉开了新四军挺进苏北会同南下的八路军开辟苏中抗日根据地的序幕，功不可没，意义重大。

时隔不久，陈毅为新四军挺进纵队创办的《群众导报》题写报名，并发表了盛赞扬中的三首诗。

其一：

长江跳板

滔滔江水向东流，北渡如何得自由。

立足扬中无限好，贾团狡猾不须忧。

其二：

政治跳板

地利天时好，人和更不同。

古今皆有训，中外亦相通。

北斗能高照，孤军更落空。
太平民主化，意义具双重。

注：太平即太平洲，实指扬中。

其三：

知己知彼

长江跳板稳如山，众寡悬殊不等闲。
自古能兵怀远略，迄今善战更高瞻。
遵循马列无穷力，依靠人民哪畏艰。
灭敌反顽联二李，老三老二又何难。

于是，作为“长江跳板”的扬中被载入了中国革命的史册，地处二墩港的三茅街道兴华村是长江跳板的重要一头，享有值得珍惜和纪念的历史荣光。

（资料来源：《解放军报》；范继平：《溢绿园》，江苏凤凰文艺出版社，2020 年。郑叔裔搜集整理）

第六章　人物风采

第一节　兴华骄子　南海精英

——海军干部时文亮

奚彩屏整理

时文亮，男，生于1934年农历六月初五（7月16日），早年丧父，随母迁至二墩港码头（今兴华村1组）继父家生活，在三星圩私塾读书3年。1949年4月扬中解放时参加中国人民解放军。

1951年2月，加入中国共产党；同年3月由陆军调入南京海军联合学校分校进行预科训练，9月调入三分校本科无线电专业学习。

1952年7月，被分配到南海第一舰队3-112舰任报务员。

1954年6月，调至3-102舰任观察通讯副观道长，为远洋商船护航。

1959 年 3 月，任 3–114 舰副舰长。1961 年 1 月任代舰长。

1961 年 9 月，调青岛市高专进修初高中文化。

1962 年 2 月—1964 年 4 月，在大连的海军学院学习导弹护卫舰舰长业务。

1964 年 4 月，以优异成绩毕业，回南海舰队一支队。任 3–124 舰长，所带军舰荣获标兵舰称号。

1969 年，调远洋公司任军代表。

1971 年 1 月，调广州海军基地任教导大队队长兼教练员。

1978 年 8 月，调登陆舰大队任团长，参加中越边境自卫反击战。

1980 年 1 月，任川岛水警区副司令员 (副师级)。

1981 年 10 月，任汕头水警区司令员（正师级）兼党委副书记。

1983 年 8 月，任海军广州基地司令部党委委员、副参谋长。

1988 年 8 月，离职休养，被授予胜利勋章。

2019 年 9 月，被授予“庆祝中华人民共和国成立 70 周年”纪念章。

第二节　下岗劳模走过的人生雨季

——记江苏省劳动模范、
全国五一劳动奖章获得者蒋巧娣

顾永生　张荣国

一

1998 年 9 月 20 日，面对濒临倒闭的扬中市染织厂，蒋巧娣噙着热泪，告别了朝夕相伴 20 多个春秋的织布机，下岗回家。这一年她刚满 40 岁。

不期而至的无情打击将这位昔日劳动模范、全国五一劳动奖章获得者“献身纺织”的人生理想击得粉碎。岁月如歌，过去的 22 年间，她在平凡的岗位上，用自己勤劳的双手在经天纬地里，织就了一位普通劳动者亮丽的人生风景：先后被评为扬中市三八红旗手、镇江市劳动模范、江苏省劳动模范，1998 年被授予全国五一劳动奖章。这些荣誉的背后，无不凝聚着她 22 年来从事纺织工作的滴滴心血，印刻着她在织布机前走过的近 3 万公里足迹。回想过去的青春韶华，回忆走过的艰难历程，蒋巧娣历历在目，终生难忘。

二

蒋巧娣是 1977 年 5 月跨进扬中染织厂的大门，当上织布女工的。有人说："好男不进钢厂，好女不干纺织。"这是因为钢厂、纺织厂的劳动强度大，又苦又累，而在纺织厂又数织布车间最苦。别的不说，光是 8 小时来回不间歇地走动就令常人望而生畏。一天工作下来，常常累得腰酸背痛，手脚发麻。一到夏天，热浪袭来，再加上轰隆隆的机器声，尽管有降温设备也无济于事，天天都是汗流浃背。然而她无怨无悔，始终执着地坚守自己的岗位。从进厂第一天起，她就显示出惊人的吃苦精神。在常州学习期间，她白天看师父操作，晚上利用休息时间练习"打结"基本功。两个月的培训，一般人每分钟只能打 28 至 30 个结，她却能打 36 个，成了这批学徒中的佼佼者。之后，染织厂曾先后举办了 10 多届操作运动会，无论是打结、换疵点，还是跑巡回、拆布、结穿等比赛，她几乎都是冠军。由于技术娴熟，她每年超产近 2 万米，累计超产 34 万余米，并两次创下万米无疵布的纪录。

三

在纺织布厂里流传着这样一句话："教会徒弟，饿死师父。"说的是挡车工一般不愿带徒。因为徒弟的不规范操作会造成疵布，而这些疵布都得算到师父的账上，会在声誉上和经济上给师父带来损失。蒋巧娣不，她总是服从厂里安排带徒，从打结、结穿、换疵等基本功开始，手把手地教，一遍一遍地示范，毫无保留地传授自己在实践中摸索出来的先进方法和技巧。10 多年中，她所带的 24 名徒弟在最终考核中个个都顺利过关。不仅如此，其他纺友遇到技术难题，只要找到她，她都热心地帮助解决。厂里每次推出新产品，特别是难度较大的品种，她总是带头进行试织，摸索出成功经验后，再向全厂推广。

同事们说蒋巧娣是个"工作狂"，这话毫不夸张。翻开蒋巧娣的工作记录，病事假一栏几乎是空白。平时遇到发高烧、感冒之类的"小病"，她吃药打针，从不耽误正常上班。1997 年 7 月的一天深夜，还在发着高烧的她服了几片药后照常来到车间，总以为像往常一样熬一熬就过去了，谁知到了凌晨三四点钟，她的手脚开始发抖。她又坚持了 2 个多小时，到六点三十分时，手脚抖得实在厉害，心也一个劲地往下沉，终于支撑不住了，只好请假提前下班。到医院一检查，高烧 42 摄氏度。医生责怪道：“拖到这个地步才来，你不要命啦！”尽管如此，她也只歇了一个星期天，病情刚刚减轻，周一上午，车间里又出现了她的身影。

四

个人的精力是有限的，在厂里消耗多了，投入家庭的就少。蒋巧娣家在农村，住在三茅街道兴华村第 4 村民小组，上有年逾古稀的公婆，下有 2 个未成年的孩子，还有 4 亩多农田。虽然她很勤快，一下班到家就忙家务、干农活，脚不停手不闲，然而，毕竟“锥子没有两头尖”，当工作与家庭发生矛盾难以两全时，她总是以工作为重，将家务事放在一边，尤其是对孩子，她陪伴的时间太少了。一提到 1989 年发生的一件事，她就感到十分内疚，觉得对不起孩子。

那是 8 月底，蒋巧娣 8 岁的女儿患了小儿麻痹症，在镇江京口医院开刀治疗。偏偏这期间车间任务重，挡车工十分紧张，她一走就意味着 10 多台织布机无人开。尽管厂里的干部职工都劝她到医院照料孩子，但她还是咬咬牙，动员自己的弟弟帮助护理。丈夫怪她只顾工作不顾孩子，女儿也哭着闹着要妈妈，而她唯一能做到的只有利用休息日去医院看望女儿。每次抱起女儿，她都“欲语泪先流”；每次见面，女儿总是抓紧她的手，哭着不让走。她只好等女儿睡着，再含着眼泪悄悄地“溜”回来。

太多太多的汗水，太多太多的付出，蒋巧娣用手中的一支支“银梭”织出了劳动者的光荣与梦想，织出了壮丽的人生情怀。

五

正当蒋巧娣满怀信心立志在自己的岗位上大展宏图时，企业突然“死亡”，宣布停产的消息犹如晴天霹雳，让她久久不能平静。

“下岗后的头一个月里，感觉像掉进了万丈深渊。”蒋巧娣回忆说，多年养成的工作习惯戛然而止，常常夜不能寐，魂牵梦绕的总是过去的点点滴滴。她怎么也想不明白，好好一个厂怎能说停就停了呢？

就在这时，人生的打击再次降临：丈夫也下岗了。看着正在读书的一双儿女，想想两位年过70岁的老人，家庭似乎到了一穷二白的境地。1998年的那个秋天，蒋巧娣一直在苦闷和思索中度过。

天上不会掉下馅饼，苦等只有“死路一条”。蒋巧娣抖擞精神，挑起生活的重负，勇敢地来到一处公路施工现场。工头看了看她，和蔼地问：“挖泥你行吗？很苦的，这是男人干的活。”“干得了，我也是农村出身。”她说，“苦点累点我不怕，只要有活干就行。”就这样，下岗后的蒋巧娣谋到了第一份工作。这期间，除了做过筑路小工，她还在个体企业打过短工，在建筑工地从事搬运等苦活计。日子长了，同伴们问她：“你是劳模还干这活？”蒋巧娣却说，不劳动算什么劳模，劳动最光荣。很快，在辛勤的劳动中，她重新找回了劳模的自尊和自信。

然而对于蒋巧娣来说，生活的考验接踵而至。不久，她的母亲和婆母相继患病，母亲重病在身，婆母中风卧床不起，白天在繁重的劳务之余，她还要抽出时间照顾两边的老人。

在直面人生雨季的日日夜夜里，蒋巧娣毫不气馁，顽强地应对人生旅途中的种种磨难。好心人提醒她，何不以过去获得的荣誉向上级讨个说法，然而她却说：“我很平凡，自己的问题还是自己解决好。”

蒋巧娣下岗后的坎坷遭遇，时时牵动着党和政府的心，在扬中市总工会和工业局领导的关心下，下岗18个月后，蒋巧娣又走上了新的工作岗位，成为市服装厂后道车间的一名工人。

阳光总在风雨后。如今，蒋巧娣的劳模本色依然没变。在服装厂，蒋巧娣吃苦耐劳、勤奋好学的精神有口皆碑。后道车间主任朱九兰告诉记者，老蒋不愧为劳动模范，再苦再累从无怨言。她上班第一天刚巧货物进库，人手不够，她看在眼里，急在心里，整整两大集装箱的货，硬是一个人干了 7 个小时。有年夏天，有一次下起了暴雨，厂区积水，一批产品急需转移，老蒋二话没说，捋起袖子，赤着双脚，将 500 多卷布匹，一趟一趟从厂区后楼扛到前楼，整整在雨中扛了一个下午。

“老蒋这个人很敬业，没有架子，待人很真诚，”服装后车间主任陈春梅在接受采访时说，“她身上有一种积极向上的精神，让我们感动不已。”

的确如此，今年春节期间，几位在无锡、常州纺织厂打工的老同事找到蒋巧娣说，凭她的技术在那里一个月能挣几千元，劝她同去，但被她拒绝了。蒋巧娣心里自有她的想法，她说：“党和政府为我安排了这份工作，我就应该好好干下去。还是那句老话，只要有工作干，我就满足了。”

我们赞美劳模，是因为在生活中，真正能够扣住我们心灵之弦的，不仅是那些轰轰烈烈的大事，还有如蒋巧娣那样的普通人身上的平凡事，正如一滴水珠也能折射出太阳的光辉。

第三节　历练的人生传奇

潘清明　三茅扶贫开发协会

袁立清，父母给他起了个乳名叫小继红。小继红含义为红红火火，意为能为家庭增添红红火火的光彩，同时又是期盼作为家中长子的他，长大以后能为家庭和社会干一番红红火火的事业。1954 年 12 月 4 日，他出生于今兴华村的 9 组——一个被称为穷乡僻壤的地方，用贫、苦、穷、难 4 个字来形容，一点都不为过。

新中国刚刚成立不久，加上连续几年的大风暴雨等自然灾害，很多农村人家一贫如洗。袁立清的父母从原兴华 16 组，挑着仅有的一担为命的家当，欲迁往新住地，途经三星圩时，被好心人留了下来。他父母觉得和这个地方的人很有善缘，种田方便，适宜安居。五六岁的他刚能记事，正值“大跃进”时期，每个生产队社员都集中吃食堂。这时他的大弟已经出生，一个雨天，父亲生病不能干活，母亲只能背着他，偷着把食堂供应的米粥拿回家，加上一些菜叶，做成菜粥，来填饱全家人饥饿的肚子。母亲虽然心灵手巧，可家里穷得连做双鞋子的布料也买不起。寒冬腊月，雨天路面十分泥泞，他总是脚踩高跷去上学，走累了就靠在路边树干上休息一会儿。当他该上中学的时候，家中已是兄弟 5 个了。父母很想让他继续上学再读几年书，多学点文化本领，但又实在力不从心，美好的梦想只能熄灭在心中。

穷人家的孩子早当家，袁立清 10 多岁就到生产队劳动挣工分，为父母分担一些家庭负担。不幸的是，他 18 岁那年，右大腿患了囊肿，当时农村医疗条件有限，在家久治不愈，造成腿部肌肉坏死。直到年底春节的时候，从南京回扬中过春节的大舅舅知道了情况，很是心疼，才把他接到南京去治疗。在南京一个多月的时间里，他们跑遍了各大医院，但这时他家连治病的钱也没有了，又是南京的小舅舅伸出了援助之手，替他支付了全部医疗费，没有让他的右腿残疾一生。这些他至今都铭记在心，并且常常以实际行动感恩舅舅鼎力的温情相助。

随着年岁的增长，家庭的重担扛在了 20 岁出头的袁立清肩上。秋种结束，进入风雪交加的寒冬，身体弱小的他跟随壮年人朱康习、徐殿旺等人一同在雷公嘴江边割芦材，夜间睡江边空地的地铺，白天吃地窑生火做成的米饭，泥泞的滩面上，留下深深足迹，他身担约 200 斤重的芦材，来回数里跋涉，经常双脚被刺出鲜血，在场的人见后都心疼不已。吃得苦中苦，方为人上人。20世纪70年代，农村青年全都在生产队集体劳动，当时除了当兵入伍能跳出“农门”外，学门手艺还算是很有企盼的出路。他21岁时跟师父学做瓦匠，不久就能承接给人家建房的活儿了。25岁时，他和陈广英结婚。当时妻子不顾自家人的反对，毅然嫁给了他。陈广英的父母、兄长见袁立清家兄弟5个，个个都在农村，围着三间草屋生活，十分心疼自家女儿、妹妹。

1978年，祖国的春天来了！春雷阵阵，潮流涌动。改革开放，迎来了好时光。感激近邻，当时任大队副业主任的左朝臣，竭力把袁立清推荐到村办企业工作，使他有了一个龙腾虎跃的新天地。当时的大队五金电镀厂厂长庄冬保，觉察到袁立清的人品和才智都很好，便安排他为厂里跑供销。就这样，他闯进了社会，奔走全国各地，越过千山万水。5年多的业务磨炼，让他渐渐摸清了市场门道。随着当时乡村工厂规模的不断扩大，行政、工商、税务的不断改革，1986年，他勇敢地联合6人，下定决心，艰苦创业，由张正斌牵头，创办了第一家属于自己的工厂——南江五金模具厂，并和张正斌、陈龙保、陈广松各司其职，风风火火地大干起来：从起初的农家作坊，成长为能划地建房、购置设备、增设科室、运作如常的工厂，成为扬中县知名的村办企业——扬中县标准件二厂（简称二标厂）和影集厂，年产值超500万元。

袁立清是一个有梦想、有追求的人，只有敢想，才能做到，方可成功。1990年是乡镇经济发展的鼎盛时期，他不惧风险勇立潮头，放弃了安稳经营、无需操心的二标厂，进一步磨炼自己，决意不能与机会失之交臂，要创造一个真正属于自己的企业。他从创办扬中县南方矿用电器厂一路走来，2002年成立扬中市南方矿用电器有限公司，2013年南方矿用电器集团宣告建立。他与企业同行，不断充实自我，2007年起进行函授学习，取得了清华大学CEO结业证书。他创办的扬中市南方矿用电器有限公司，成为原煤炭工业部定点企业，专业生产煤矿井下安全仪器。公司生产的“申安”系列检测仪、断电仪，遍及山西、山东、黑龙江、内蒙古及淮南、淮北等全国20多个省、市及地区，先后荣获“镇江市知名商标”“江苏省著名商标”等称号。2016年，公司取得产值近1.5亿的辉煌佳绩，企业荣膺全市“双提升”有功单位、扬中市工业企业前三十强企业、江苏质量诚信AAA级品牌企业、中国质量诚信企业协会会员、高新技术企业、江苏省优质产品、A级纳税信用等级、江苏省十佳民营企业、江苏省重合同守信用企业等荣誉。

20多年来，企业已经为国家创造税利达2亿元，成为扬中知名强企、财税缴纳大户。

青少年时的自觉、自律、自谋、自强，当属在苦难磨炼中成长。

首闯、首行、首业、首创，改革开放成企业C位（Center），这正是勇气和谋略的担当。

在南方矿用电器集团舞台中央，真情、真意、真善、真美，胸怀感恩慈善益彰。“大庇天下寒士俱欢颜”，哪里有难，他就捐到哪里；谁有难处，他总是鼎力相助。20多年时间，百万元计的捐款，量出了袁立清的人生新高度，称出了一颗高尚的慈善心。

脚踏实地一路走来，拥抱充满色彩的人生。

他除任自创的南方集团有限公司董事长外，还身兼多职。他曾当选为扬中市第九届政协委员，在5年的任期内参政议政，建言献策，为扬中的经济和社会发展撰写了不少优秀的提案，不愧为扬中市委、市政府的好参谋。

2018年12月，三茅街道兴华村成立乡贤会，袁立清又被兴华村村“两委”、全体村民代表和乡贤会成员一致推举为乡贤会会长。担任会长以来，他在原有的基础和成就上，更上一层楼，为兴华的公益和慈善事业做出了新贡献，被传为美谈，兴华人民有口皆碑。

《扬中日报》三茅扶贫开发协会曾专题报道过他“致富思源，情系公益”的感人事迹。

多年来，袁立清在把企业做大做强的同时，积极回报社会，热心公益事业。捐资修路、扶贫济困、建校助学等参与公益事业的善举不胜枚举，捐资达 200 余万元，成为闻名三茅街道的“公益慈善楷模”。

2008 年 5 月 12 日，四川汶川发生地震。袁立清从电视新闻中得知后，便组织员工捐助灾区，及时募集善款 12 万余元，其中他个人捐款 8 万元；组织倡议他所在的清华大学总裁班学员捐助建设“江油市报恩寺小学”，他个人捐助 5 万元。

关心老人，善行乡里。多年来，每年春节前夕，袁立清都为全村 230 多位 70 岁以上的村民，发放每人百元的“大礼包”；每年都给村里的低保户和敬老院老人捐资 1000 元；向本村困难党员每人捐资 1000~2000 元；结对帮扶兴华村 13 组、15 组、18 组 3 位困难老人，每年给予每户 3000~5000 元慰问金。

回报社会，造福桑梓。他每年捐资市扶贫协会 5 万元，捐助市慈善协会 2 万元。2011 年，他再次捐资兴华社区慈善分会 10 万元。

慷慨解囊，兴办公益设施。为解决兴华村 9 组道路通行不便和天然气安装问题，他个人出资20多万元，建设道路、安装路灯，同时为每户提供600元天然气安装费用，造福全组群众。

乐于助人，解群众燃眉之急。多年来，凡是困难群众找上门来，寻求救助，袁立清总是来者不拒，鼎力相帮。据不完全统计，每年他平均为困难群众提供捐助2万元以上。

致富思源，富而崇善。袁立清常说，没有党的好政策，就没有自己的今天。他在守法经营的同时，把慈善和公益作为企业与个人的社会责任，回报家乡，支持地方经济社会发展，树立了一位优秀企业家的良好形象，受到广大群众由衷的尊敬和点赞。

第四节　建筑大师　人文楷模

——朱纪云优秀事迹荟萃

郑叔裔

扬中市三茅街道兴华村有一个平凡而又很不平凡的人，名叫朱纪云。1952年11月29日，朱纪云出生于兴华村第10村民组一个普通的农民家庭。父亲朱春章和母亲朱月桂是新中国成立前到兴华村来谋生的。经过多年的苦心经营，夫妻俩砌了三间草房，自己耕种几亩薄地，过着自食其力的清贫生活。

春章先生从小上过三年私塾，读过四书五经，腹有诗书，通情达理。他为人诚信正直，加上聪颖好学，掌握了一套民间技艺和医学之道，经常免费为乡亲乡邻们刮痧、修火、袪邪，治疗肚痛、惊吓、疟疾等，在邻里中深孚众望。朱月桂女士勤劳俭朴，善良贤惠，新中国成立前夕曾收养过一个从苏北到扬中来讨饭的丫头——名叫大桂英，抚养成人后，把她嫁给了本村的共产党员朱康民为妻。大桂英贤良，后帮助朱康民家兄弟几人娶妻生子，建立了美满的家庭。朱月桂无偿照顾隔壁的孤寡老人二奶奶吴氏长达 30 多年。吴氏长寿，达 95 岁高龄。20 世纪 70 年代朱月桂被评为六好社员，受到扬中县人民政府的表彰，如果在今天，被评为市县级道德模范也是当之无愧的。

朱家从春章先生开始，册立的辈分为春、锦、秀、华。朱纪云出生那一天恰逢关帝生日，当地民间为纪念三国时期忠勇义气的名将关羽（关云长）而做“关帝会”。春章先生佩服关羽人格，为儿子取名朱纪云，以表纪念关云长之意。后来生的两个儿子分别取名纪和、纪斌，只有一个女儿取名锦芳。

春章先生秉承耕读传家的祖训，尽管家庭不富裕，但仍千方百计把三子一女全部送到学校读书。

1966 年夏天，朱纪云毕业于本村的三星小学，由于“文革”和家庭经济负担重，便辍学拜师学艺，从事瓦工，为人家砌房造屋。

俗话说“十年磨一剑”，朱纪云吃苦耐劳、勤奋好学。到了 1977 年，他不仅掌握了建筑的基本知识和技能，还能根据力学知识设计绘图，各种手艺样样精通。任何复杂的工序他都能科学安排，再多精细的活计，他也能巧妙干成。不久，经专家评审，他晋升为高级建筑师。从那以后，他受到三茅乡建安公司领导的赏识和器重，先后担任建筑工程队队长、公司副总经理。公司有 1000 多名建筑工人，在扬中和镇江地区建造了一幢幢高楼大厦，经质检部门检查验收全部合格，有不少工程还是优质工程。

20 世纪 70 年代中期，扬中的骨干河道大寨河（后改称扬子河）和丰裕向阳河开通，朱纪云崭露头角，主持建造了大寨河机电排灌站和向阳河机电排灌站，为扬中的抗洪排涝做出了贡献。2005 年，他又亲自重建了排灌功能更强大的扬子河和向阳河机电排灌站，造型美观，结构合理，既新颖别致又兼具古典风格。特别是扬子河排灌站和堤外的国土公园大楼交相辉映，成为三茅街道东江边的一道亮丽风景，受到省、市水利部门的一致好评。

位于兴华村的扬高汽渡，被誉为扬中的北大门，全国知名。1994 年，朱纪云为扬高汽渡设计建造的门楼，高大雄伟，气宇轩昂，象征扬中人民敞开的博大胸怀，日日夜夜接送着南来北往的车辆和商贾旅客。迄今为止，门楼已经经过近 30 年的风吹雨打，受过数以万计的载重卡车的惊动，依然岿然不动，稳如泰山。

1993 年，朱纪云承建的扬中市税务大楼竣工，经上级主管部门和专家验收测评，以 98.5 的高分，一举摘取江苏省建筑工程质量金牌奖。

1995 年，朱纪云承建的扬中市工商局住宅楼，获得建设部颁发的中国建筑工程鲁班奖，开了镇江地区的先河。1996 年，他从北京捧回了奖牌。从此，他在镇江市建筑界的声望越来越高，建筑界的同行们一致认为，他是一个从扬子江中的小岛走出来的“建筑大师”。

由于父母的言传身教、学校的优良教育和中国传统文化的熏陶，朱纪云人文素质高，思想品德好，优秀事迹举不胜举。

尊老爱幼、和亲睦邻，方圆十里家喻户晓

20 世纪 90 年代，正当朱纪云在事业上如日中天的时候，父母双亲也步入了晚年。他本着“百善孝为先”的理念，对父母的饮食起居妥善安排，晨昏午夜，时刻关怀，医疗保健更为重视。朱纪云在离市区不远的葛家湾建筑材料仓库处，为父母置办了条件优越的住所，吃的穿的用的，包括零用钱，都考虑安排得十分周到，一有空闲，就来看望父母，嘘寒问暖。每逢假日，他还和大弟朱纪和一起带长寿的二老到处走走，看扬中绿岛风景，看祖国大好河山。他为老人买好买足了医疗保险，老人身体稍有不适就及时送医治疗，确保老人身体健康，晚年幸福。在两位老人的弥留之际，他坚持守在旁边，呵护照应，最后，老人不带任何遗憾，驾鹤西游。

朱纪云对两个亲生儿子在生活上给予无微不至的关怀，在思想品德上给予耐心细致而又非常严格的教育。他教导他们怎么处事做人，为他们指点迷津，促使他们健康成长，成为对国家、对社会有所贡献的人。

1994 年，扬中西来桥镇有一女孩，3 岁时丧父，5 岁时母亲改嫁，十分可怜。朱纪云献出人间大爱，把她收为养女，视同己出，呵护抚养，供其上学读书，直至其大学毕业参加工作。现在养女已成为国家注册会计师。结婚时，朱纪云为她筹办嫁妆、婚礼，还为她购房建屋，在兴华村及周边地区被传为佳话。

人们常说，天下没有不散的筵席。朱纪云兄弟三人长大成人后，各自成家，独立门户。读过《三国演义》的朱纪云心里想，刘备、关羽、张飞，作为异姓兄弟都能做到风雨同舟、生死相依，自己和纪和、纪斌是同胞兄弟，更应该互相关心、守望相助。

20 世纪 80 年代末，借着改革开放的春风富起来的朱纪云自己翻建楼房时，小弟朱纪斌尚在部队服役，还未转业。朱纪云和同在建筑界的大弟朱纪和相约，并得到各自夫人的支持，帮助小弟朱纪斌在二墩港边也翻建了一幢三层楼房。现在楼房虽已拆迁，但兄弟之情永存。

2016 年，大弟朱纪和遭遇车祸，伤势严重，生命垂危。朱纪云和朱纪斌迅速赶到现场，一方面，尽最大的努力，送朱纪和到医院全力抢救；另一方面，做最坏的准备。因朱纪和旧房拆迁、新楼未建，朱纪云和贤妻冯林珍便共同决定，一旦有意外，就腾出企业的仓库和场地搭建凉场为大弟准备后事。然而，苍天不负善心人，杏林妙手招春回，经过医护人员的全力抢救，朱纪和脱离了生命危险，康复出院后第三年，健康状况已基本恢复如常。

朱纪云和兴华 10 组的邻里关系也很和谐。

关心桑梓热心公益，家乡人民有口皆碑

早在改革开放之初，朱纪云刚刚起步致富，就主动捐款为兴华10—11组（原母字圩）修建了一条方便拖拉机耕田的水泥路。

20世纪90年代初，朱纪云主动捐款9.8万元，帮助原兴华村购买了一辆大型联合收割机，使兴华农民摆脱了手握镰刀脸朝黄土背朝天、弯腰驼背割稻麦的劳累。当时朱纪云向村领导提出了三条建议：

（1）收割机买回来属于村集体财产；

（2）为全村人民服务，收割应按顺序、合理收费；

（3）农忙收割时不要搞特殊照顾，轮到自己家及兄弟、亲戚收割也必须按规收费。

1992年，扬中县人民政府筹集资金准备建造扬中大桥，结束扬中孤岛的历史。江上造大桥，这是扬中人的梦啊！朱纪云慷慨解囊，一次性捐款5万元。

1993年，扬中县人民政府筹集资金准备修建扬中大堤和堤顶公路，为的是扬中人民的长治久安。朱纪云再次捐款12.88万元。

1995年6月，扬中大堤北江段坍塌，险情严峻，万分危急。扬中市市领导找朱纪云商借建筑钢管百余吨打桩，围堤筑坝填草包。朱纪云当即表态：“不要说借，更不要说还，抢险救灾，保卫家园，人人有责。

这些钢管我朱纪云全部捐给政府，没有扬中这个大家，哪有我们的小家！”洪亮的声音，坦荡的胸怀，无私奉献的精神，感动了在场的领导和同志们。朱纪云的大力支持，使坍江险情很快被控制。

参加全国两会，为家乡扬中增添荣誉

朱纪云满腹家国情怀，他心中镌刻着“兴华、三茅、扬中、祖国”8个闪光的大字。他不但把自己的精力、智慧和才华奉献给家乡，还奉献给祖国其他地方。

1999年，朱纪云到毛主席的家乡湖南省城投资创业，为当地发展电器产业做出较大贡献。同时，他为湘西、怀化贫困山区捐资建了3所“希望小学”，并捐助抚养10余名孤儿。朱纪云的义举受到湖南省委、省政府的重视，他被选为湖南省工商联委员，1999—2000年先后两次被湖南省委推评为政协委员，赴北京人民大会堂参加全国两会。这不但光宗耀祖，也为朱纪云的家乡——扬中三茅和兴华增添了光彩。

2000年，朱纪云受相关部门邀请，去北京发展。在此期间，他把扬中的优质电器产品推广到北京，销售业绩辉煌。2010年，经原交通部长航局推荐，朱纪云负责建造扬中东新港货运码头。同年，他成立江苏众城建筑安装工程有限公司，继续为扬中的建设和电器产品销售出力，砥砺前行，争创新的辉煌。

第五节　洒向人间都是爱

——记退休女教师王月珍

钱维亚

王月珍出生在一个多子女家庭，因生父母无经济收入，缺衣少食，难以生存，其 7 岁时带着懵懂被邻村一对夫妻领养。养父母不惜代价，供其读书，将她培养成人。

特殊的身世、苦难的童年，在她幼小心灵中播下了“同情弱者，关爱他人”的种子。

知恩图报性本善

1964 年，王月珍已是三茅团结小学的一名教师，到了谈婚论嫁的时候，有人给她介绍了一名各方面条件都比较优越的苏州城里的小伙子，被她婉言谢绝。她择偶的条件是必须离家近，方便照顾养父母。于是，她毅然嫁给了本村同组的青年钱积善。

其时，钱家子女多且年幼，婆母又中风卧床，家庭条件十分艰苦。对她来说，真可谓“鸟儿不选高枝选低枝——自讨苦吃”。

成家后，丈夫服兵役在外，退伍后又在外地工作，弟妹年龄尚小，照顾好两个家庭的千斤重担就落在王月珍一人的肩上，实属不易。在做好自己教学工作的基础上，为了多挣点工分少缺粮，她坚持在生产队上早工、开夜工，星期天从不休息。因身体单薄，高度近视，开夜工时经常摔倒，由于劳累过度，她患上了严重的肾病，瘦得皮包骨。即使这样，每到春汛，她还要抽空到江边捞鳗鱼苗，换一些零花钱，贴补两个家庭的家用。

她关爱年幼的弟妹，孝敬公婆，给了丈夫极大的安慰和支持，使其在外安心工作，无后顾之忧。

久病床前有孝女

20 世纪末，养父母都已是耄耋老人。王月珍为了照顾老人，尽量不外出或少外出，如遇急事必办，也是速去速回，从不在外过夜，把二老的衣食住行安排得妥妥贴贴。对于王月珍来说，最大的心愿和责任就是服侍好、赡养好带给她温情的父母。俗语云，聋子不怕雷，这话一点不假。王月珍的养母王莲芳 90 多岁时，因为耳聋、视力不好，无论外面下多大的雨、响多大的雷都会往外跑，不论马路上的汽车喇叭按得多响，她都会迎着车子向前闯。王月珍为了看住母亲，放弃了原本闲暇的退休生活，时刻照看着养母。

20多年来，王月珍不论春夏秋冬，坚持为老人洗头洗澡。早上帮父母洗漱，晚上为父母洗脚。一日三餐端茶喂饭，特别是养母临终前一年，大小便失禁，有时晚上要起床五六次。尽管养母常常把身上的衣服、床上的被褥弄脏，她也不离不弃，照顾有加。在她的精心护理下，养父养母分别活到87岁、97岁，在兴华村传为佳话。

王月珍自己曾因视网膜脱落做过手术，同时患有高血压、腰椎间盘突出，行动也不利索。她的丈夫也因中风行动不便，生活需要照顾。然而这一切并没有影响她始终不变的爱心。在她看来，孝敬老人、照顾丈夫、疼爱儿女，让大家都快乐才是真正的幸福。

平凡之中显真情

栋梁之材出于苗圃。王月珍如辛勤的园丁精心地培育着幼苗，三尺讲台，精耕细作，任劳任怨，为家乡孩子的茁壮成长默默奉献了毕生的精力。

改革开放前，农村的生活比较困苦，学校的办学条件也不如现在。不少学生因家庭困难面临辍学。王月珍因自己出生在贫困家庭，深知他们的疾苦，特别同情。她想方设法减免他们的学杂费，把自家孩子的学习用品送给困难学生，有的孩子放学回家无大人照看，她就把这些学生领回自己家中，帮助照料并辅导作业。

为了让孩子们多读书以扩大知识面，她自费筹备了书籍，并发动全体学生捐书，创办了班级图书角。她领着孩子们在课余时间走出校门收集废旧物品，增加购置图书的资金，培养孩子们吃苦耐劳的精神。夏秋收割时节，她带着孩子们帮助农户捡拾落在田间的麦穗和稻穗，培养学生热爱劳动和珍惜粮食的习惯。

30 多年前的扬中还没有外来务工子弟学校，当时在三茅大港附近有不少安徽和苏北等地来的打工者。这些人居无定所，流动性大，孩子到上学的年龄却无法上学。王月珍了解情况后，在征得领导同意后，根据学校实际情况，最大限度地接纳了部分急需入学的外地户籍学生。学校无法解决学生的食宿，她将几名学生带到家中，无偿提供住宿，连水电费都免收，平常还为他们提供自家栽种的蔬菜。冬天，有些孩子衣服比较单薄，她除了拿出自己孩子的衣服，还到邻居、亲戚家收集衣服、鞋、帽等送给他们穿戴，决不让一个孩子挨冻。凡节假日或亲戚家有什么大事，她都会像带自家的孩子似的带着其中一两个孩子走亲戚。

在学校常遇到学生伤风感冒、生病作痛的事，因为这些孩子的父母不在身边，王月珍从不掉以轻心，总是第一时间送医问药，及时医治，确保孩子健康成长。

转眼几十年过去了，这些孩子都已长大成人，有的回到家乡工作，有的在扬中安家落户。在外的学生经常给老师来电，表示一定努力工作以回报社会，绝不辜负老师的希望。在扬中的学生每年都会带着家人上门看望自己的老师。

王月珍一腔热血献爱心得到社会认可，先后获扬中市十佳好婆婆奖、扬中市第三届道德模范提名奖、三茅街道敬老模范家庭等荣誉。正可谓：

待哺嗷嗷子女多，骨肉分离苦蹉跎。

关爱培养成师表，回报泽恩众口歌。

第六节　最美三茅人

——陈平生先进事迹简介

陈菊英

在紧靠长江边的三茅街道兴华村，只要提起陈平生的名字，无人不称赞，真是有口皆是碑。

1962 年 8 月，陈平生出生在兴华村第 14 村民小组一个贫苦的家庭，新生命给全家人带来了欢乐和希望。尽管生活拮据而艰难，但爷爷奶奶的精心照看和父母亲的严格管教，使他能够健康成长，在度过了幸福的童年之后，又顺利读完了小学和中学，毕业后，正好赶上了改革开放的大好时期。陈平生风华正茂，壮志凌云，乘着党的十一届三中全会的强劲东风，以扬中特有的“四千四万”精神，走南闯北，跑起了供销。时隔不久，他又自主创业办了惠康机电成套有限公司，由小到大，进而做强。渐渐地，他富起来了。家里砌建了别墅式的楼房，企业也征收了土地，扩建了厂房，带动了不少村民就业，为兴华村乃至扬中市的经济发展做出了积极的贡献。

也许是浩瀚的长江给了他宽阔的胸怀，母亲河的乳汁美化了他的心灵，再加上良好的家庭教育和学校教育的熏陶，中华民族的传统文化和传统美德在他身上时时闪耀着光芒。他富而思源、不忘党恩、情系乡亲、热心公益、助人为乐、敬业奉献。

兴华社区办公大楼落成，他主动赞助；社区筹办慈善基金，他全力支持。仅 2016 年他就捐款 1 万余元。每年春节前夕，他总要配合村“两委”访贫困户，凡 70 岁以上的老党员，每人资助发放 200 元，对特别困难的党员还要另予照顾。

每年夏天，特别是暑假期间，他总要特意邀请本地民间艺术团或外地剧团，在社区文化中心广场进行文艺演出，以丰富村民和中小学生的文化生活。每场演出花费都在2000元左右，已经连续数年了。

平时碰到困难家庭有人病重或者不幸去世，他总要前去慰问，还要送上200元至1000元不等的慰问金。

现在，兴华村的干部和群众，不论男女和老少，都称赞他是“兴华慈善家，最美三茅人”。

第七节　两孩母亲献大爱

陈菊英

一石激起千层浪。2016年，国家全面两孩政策颁布，在社会上引起了很大的反响，许多家庭围绕两孩政策展开了热烈的讨论，很多年轻夫妇做了反复思考。三茅街道兴华村人社协理员张慧，已经生育了一个孩子，要不要再生一个，她和丈夫戚容境进行了认真而深刻的讨论。

丈夫戚容境认为，一对夫妻只生育一个孩子，是贯彻执行了多年的计划生育政策，人们在思想上已经习以为常，而且只生一个孩子，作为父母可以少吃苦少负担，既可以集中精力搞好本职工作，又能集中精力培养一个小孩，对国家对自己都有一定好处。

张慧则不以为意，她认为，只生一个孩子，孩子长大结婚以后，成为一对新夫妻，随着老龄化程度的提高，一对夫妇既要培养照顾小孩，还要照顾双方父母，如果加上爷爷奶奶就更顾及不上，孩子就会苦不堪言，难以承受。现在再生育一个，肯定要多吃苦多负担，但对孩子们来说，他们将来就可以少吃苦少负担。做父母的不就是应该为孩子们多考虑，自己多担当点吗?

最后，夫妻俩一致认为，国家颁布的全面两孩政策是非常英明正确的。夫妻二人决定再生育一个，双方单位领导也给予了极大的关心和支持。

2018 年 5 月，他们的第二个孩子降生了，家庭里多了一份快乐，幸福满满，孩子的爷爷奶奶更是整天笑得合不拢嘴。

别看张慧平时话语不多，显得颇为文静，其实内心充满了大爱。2016 年，她参加了市红十字会组织的造血干细胞招募活动，采集造血干细胞血样。2019 年 7 月 11 日，她接到通知，自己的血样与一位远在北京的白血病患者配型吻合，她毫不犹豫地答应，愿意捐献。这对于一个已有两个孩子的年轻母亲来说，是非常不易的。大的孩子才上三年级，小的才 16 个月，断奶没多久，是最需要母亲照顾的时候。张慧义无反顾做出了捐献决定，并且每天坚持锻炼、合理饮食预防感冒，为成功捐献做准备。

8月26日上午，兴华村为她赴宁捐献造血干细胞举行了隆重的欢送大会。镇江市红十字会、扬中市红十字会、扬中市劳动局、三茅街道党工委办事处的领导及兴华村全体党员、村民代表都参加了会议。会场上大家被张慧同志无私奉献的精神感动，那感人的场面将永远镌刻在人们的心里。

9月4日，从上午9点开始到下午3点，在东南大学附属中大医院，这个身高170厘米，体重只有104斤的瘦弱女子，历时6个多小时，成功捐献了252毫升造血干细胞混悬液。张慧家人、扬中市红十字会主要领导，还有兴华村村“两委”的领导和同志给予了张慧最大的精神关怀和鼓舞，同时也被张慧无私奉献的大爱精神感动。

北京博爱医院的医务人员，随即把张慧捐献的252毫升造血干细胞混悬液放进特殊的储藏箱，启程奔赴北京，使那个等待移植的白血病患者重燃生命之光，重返幸福人生。张慧这种无私救人的奉献精神深深感动了兴华村的每一个人，为此，兴华村一位年近80岁的退休教师郑叔裔特作赞诗一首：

大爱兴华有美谈，
扶伤救死出新篇。
诚将造血干胞献，
张慧精神动地天。

第八节　退役不褪色　建功新时代

——记兴华村优秀退役军人王龙保

吴　蕾

兴华村有这样一位退役军人，他参加过对越自卫反击战，始终保持爱国敬业、勤俭持家的优秀本色。他就是兴华村 2 组的王龙保。

入伍参战，报效祖国

王龙保，1955 年 12 月出生。1975 年 6 月 1 日在安徽省军区独立师服役；下半年调至浙江省军区独立师。1977 年 7 月 21 日，被吸收为中国共产党预备党员。因在训练等各方面表现突出，1978 年 2 月荣获三等功；同年 7 月 21 日，转为正式党员。1979 年 1 月，接中央军委命令，他所在的部队被调往广西边境。

1979 年 2 月 17 日，广西边防部队积极响应中央军委号召，参加对越自卫还击战。3 月 8 日，120 名战士参加战斗。其间，一人一个战壕，吃的是压缩饼干或村民送来的干粮，环境艰苦，令人敬佩。3 月 23 日，战斗结束，部队撤回中国边界。120 人中，六七十人负伤，12 人牺牲。王龙保奉命负责清理牺牲人员的遗物，整理伤员的物品。战后，王龙保同志担任团支部书记，被评为优秀共产党员和先进义务兵。

以身作则，勤勉敬业

1980 年 11 月，王龙保从广西边防部队退伍，回到当时的三茅乡，由乡政府安排，在社办企业上班。后来，他自谋职业，一直勤勤恳恳，兢兢业业。

他弘扬革命军人“特别能吃苦、特别能战斗、特别能奉献”的优良作风。退役不褪志，退伍不褪色。“道虽通不行不至，事虽小不为不成”，身为一名普普通通的基层工人，王龙保同志既没有多高的文化，也没有超人的智慧，但他以不甘平庸的钻劲、心系同事的情怀和默默奉献的精神，在平凡的岗位上实现着自己的人生价值。同时，他为自己所从事的工作付出了满腔热忱和全部的青春力量，以他的实际行动诠释了新时期一名普通工人党员的光辉形象，以他勤恳踏实的态度、敬业奉献的精神，践行着自己的入党誓词，赢得众人的交口称赞。2019 年，64 岁的他，仍然在灵新风机厂上班，发挥着余热，为身边的其他工人树立了一个好榜样。

文明节俭，和谐持家

王龙保同志虽然退役了，但是在日常的工作中，他时时刻刻保持着一个军人的本色，按照共产党员的标准严格要求自己，在家庭生活中努力做一个好丈夫、好父亲、好爷爷，协调好家庭事务，使整个家庭和谐融洽、和睦温暖。他把工作之余的时间都留给了家人，陪伴家人，经常带头和家人在一起做家务，那也是他心目中最幸福快乐的时光。身为一家之主，他以宽容和理解善待每一位家庭成员，做到了“多一点理解，多一点关怀”。作为丈夫，他爱护妻子，与妻子相互关心，互相扶持，夫妻感情融洽，从不为小事争吵。作为父亲，他以身作则，注重对子女进行世界观、人生观、价值观的教育，培养孩子善良节俭、谦逊、自强的良好品质，教育他们独立自主，学会做事，学会做人，做一个对社会有贡献的人。他的家庭连续两年被扬中市妇联评为“五好”文明家庭，被兴华村评为“五好”文明家庭标兵户。

关心集体，热心公益

淡泊名利，甘于奉献。共产党员要无私奉献，不能图名图利，只有在工作中尽自己的努力为大家干点事，心里才会踏实。不善言辞的王龙保同志是这样想的，也是这样做的。作为党员，当他接到组织上为灾区捐款捐物的号召时，总是第一时间主动捐款捐物。

他谦虚谨慎、尊重他人，能保持良好融洽的邻里关系，能带头做好村里要求的有关事项，积极参与村里各项活动，配合村里开展相关工作，热心公益事业，能在自己的位置上，担当尽责，用自己的实际行动为和谐社会的创建贡献自己的一份力量，是人们学习的榜样。

第九节　江洲何处无芳草

——文学作品集《江洲草》读后感

范继平

由于创作报告文学《溢绿园》，加之筹备扬中发展促进会成立十周年纪念大会，忙碌了大半年，以至近日才有时间拜读郑叔裔老先生的大作《江洲草》。此时，窗外风清月明，一片安详与静谧，不知不觉我已经静下心来，走进了郑老笔下的那片芳草地。

翻开书，我就被占有九页的目录所吸引：辑一《诗风词韵》中，有《朦胧诗钞》《教育诗草》《家乡赞歌》《情系河山》等七个篇章；辑二《笔下春秋》中，有《沧桑岁月》《拳拳乡愁》《感悟人生》等 10 个篇章。这个博洽多闻的目录，竟是那样的铺青叠翠。

《江洲草》萌芽于 1954 年三星小学学生手抄报："老师为我系，先烈为我染，天天戴上她，上学不偷懒。"（《红领巾》）系上红领巾的郑叔裔在五星红旗下，好好学习、天天向上，犹如一株破土而出的小草在江洲大地上茁壮成长。1960 年冬天，他在五峰山下的扬中县砖瓦厂勤工俭学时加入共产主义青年团："时届严冬心里暖，冰封大地不知寒，人生道路无穷已，亲人接我到新站。"（《入团感怀》）这个"新站"即郑叔裔人生的新起点。

"谁言寸草心，报得三春晖"，1965 年的那个春天，郑叔裔走上了神圣的教育岗位。"我自豪，我是教师，在职中校园里默默耕耘……歌唱吧，在美丽的职中校园，同样沐浴着雨露和阳光，同样充满着温馨和希望。"（《我自豪》）这种无上荣光的自豪，激励着郑叔裔在教育岗位上，一干就是一辈子。三尺讲台上有其辛勤的汗水和智慧的结晶，小草文学社畦畦园地上有其快乐耕耘的硕果。不为功利所惑，不为物欲所迷，唯一的就是尽竭担当。

“地处江洲脊梁兮，背靠万里长江。登上堤顶公路兮，可观喷薄朝阳。二墩港闸雄伟兮，扬高汽渡轩昂。迈步砥砺前行兮，通衢省道宽长。生态环境优美兮，天蓝水碧花香……”这是郑老为参加三茅诗词分会活动写的《兴华村赋》。自从郑老退休加入老年诗词协会，短短几年工夫，其诗词无论是数量还是质量都突飞猛进。郑老对诗词如痴如醉、欲罢不能，其痴迷程度可见一斑。

依稀想起一位哲人曾说过，使人闪光的不是身上的光环，而是植根于内心深处的智慧。“永远让人赏识和敬仰的，只有美好的德行，足以丰富人生的智慧，乃至一定的素养和造就。”读罢郑老的文集，尤觉以这句名言冠盖为佳，读《江洲草》之文，无异于读他的人生观、价值观和生命历程。

细读《江洲草》诸篇文章，如沐万缕清新，仿佛置身于无垠富氧的绿洲，尽情地享受着天然、质朴、亲和、友善的芬芳。作者飨与读家的，是六个字：敦厚、真挚、博大。

敦厚，他敦厚、淳朴，其文字也始终实实在在地行走在江洲大地之上，一步步丈量着生命的厚度，他的情感随灵动轻盈的涓涓细流渗透淳朴的书页。郑老爱好写作，不管白天教务多么繁忙，深夜写作已成积习。自他写作以来，硕果累累，许多文章受到读者的欢迎，并得到高度的肯定，频频被报纸杂志收录、转载。数十年来，他一如既往、踏踏实实地埋头书写，进行着种种思考，寻找着一种灵魂。

真挚，他待人真挚，其文字源于生活，照鉴人生本像，这种真实介入生命的文字没有矫情，没有伪饰。生活的真实感受是读者最真挚的生活老师，也是读者真挚的心灵朋友，恰是这种简单的真挚之情有着极强的震撼力和影响力。写作实际上是在学做人，学着如何一辈子做一个朴实的人；做一个有修养的、心胸宽广的人；做一个善良而富有同情心的人。

博大，文学作品呼唤坚实的生活质地的同时，更期待思想的深度，《江洲草》无疑为此不懈努力。因为人类是离不开文学的，文学是有力量的，文学能净化和改造人的灵魂，使人的灵魂高贵、美丽。郑老试图把饱含泪水的笔端根植于江洲大地，寻找一条通往心灵世界的道路。用一颗淳朴而又睿智的心灵，感知着脚下这片土地上的生命；用一颗善良而又智慧的心灵，感知着脚下这片土地上曾经发生过的故事；用一双欢乐而又忧伤的眼睛，瞭望着这片被拼搏汗水浸透了的土地。

通读郑老的《江洲草》，字里行间没有什么重大的历史事件，书中人物也没有做出什么惊天动地的壮举，所及之人都是烟火之间的凡夫俗子，所及之事都是晨暝之中的琐碎小事，而所抒之情却是人间真情、人间大爱，有对儿时的怀想，有对父母亲的情思，有一缕缕飘曳的乡愁。

语言是文章的外衣。《江洲草》的语言风格值得称道，朴实无华，纯净明丽，恰如其分地表达了作者真挚的情感。他的文章没有华丽的形容词，也没有太多的文字修饰，却把情感表达得那样细腻、那样丰富。有些语言朴实中蕴含哲理，朴实中回旋着韵味。

郑老1943年出生于扬中市三茅镇南屏村，自号“江洲草民”，视己如一株小草。在自然界中，虽然小草没有青松的英姿，没有垂柳的婀娜，没有月季的绚烂，没有芝兰的芳香，但它却把自己的一生都无私奉献给了大地和人类，却从来无所苛求，毫无怨言。郑老不也是吗？像一个辛勤的园丁，默默无闻地培育着祖国的花朵，把自己一生的心血全部奉献给扬中的教育事业。多么可贵的精神啊！多么高尚的品质啊！

夜色已深，我轻轻将书合上拥在怀里，闭目凝神，脑海里回忆起初识郑老的一段往事。

1990年的秋天，涉足文坛不久的我出了第一本文学作品集《小河的眷恋》。初出茅庐的无名小辈，出书只能自销。经县教研室的孙德培老师介绍，我认识了在群英中学任教的郑老师。当时，他负责学校的《新芽》文学社，为了支持我的文学创作，他促成由学校出资给每个小学员买了一本。2014 年，我出版文学作品集《穿越故乡》时，赠书郑老指教，没想到他即赋诗一首，发表在《扬中日报》副刊上："眷恋小河春夏秋，珠圆玉润满乡愁。故乡穿越时空远，家国情怀万古流。"（《谢作家范继平赠书》）这么多年来，郑老始终不渝地给予物质和精神上的关照，我非常感激，但有一件事使我心存内疚。《江洲草》付梓前，郑老托他的朋友捎信让我为他的大作写几句话，朋友忘记未传信于我，郑老亦以为我忙，便没有再联系。这使我失去了一次拜读学习的良机，同时也为自己未能为郑老尽力而深感不安。

一页页散发着历史墨香的纸张，仿佛萋萋芳草的原野，弥漫着清新而悠远的气息。这一片茵茵的《江洲草》，是郑老青春的渴望和一生的希冀、理想，载满了小草般的清纯、坚强，载满了藏在他心底的文学梦想。

剪不断的难忘岁月，写不尽的人生感悟。在人生长河里，郑老将满腔的情怀、无限的向往，凝成平仄的诗行，浸染萋萋的芳草，一路葱茏、一路芬芳，在心灵的河床里枝繁叶茂……

第十节　江洲小义门

——郑叔裔老师家风故事

莫来根　虞兴谦　张纪龙

据报载，浙江金华市浦江县郑氏家族，历史上出过140多名高官，没有一人贪赃枉法，被誉为“郑义门”，得到十八届中央纪委的认可和赞誉。

只有30多万人口的扬中市，也有不少郑氏家族的后人，其中的凡人义举也值得点赞，堪称“江洲小义门”。

三茅街道兴华村的郑叔裔老师（以下简称郑老师）家就是其中之一。

郑老师的父亲郑渭泉先生生前是扬中市知名的慈善家。郑渭泉从小随父郑南山在兴隆赵家埭私塾读过《三字经》《百家姓》《千字文》《论语》，深受中华民族传统文化和传统美德的熏陶，秉承郑氏家族几千年忠孝仁义的美德，艰苦奋斗，立德立业，成功后，热心公益，济困施贫。1945年抗战胜利后，他曾在老家沙家港独资创办观音庵小学；新中国成立后的 1950 年，又在二墩港三星圩独资创办三星小学。郑渭泉先生还资助过其他几所小学，帮助不少贫困子弟就业或就学。现在，他虽然已经与世长辞，但在兴华村，仍然有口皆碑。

郑老师的大哥郑安民受其父影响，德才兼备，处世为人在兄弟中堪称表率。郑安民先生是上海市园林专家之一，曾参与设计建造奉贤区古华公园。1991 年，上海建城 700 周年，他撰写了具有一定历史文化价值的《古华园桥趣》等散文，刊登在上海市历史文化丛书中，语言生动，文笔优美，可读性强，深受读者欢迎。郑老师对大哥十分景仰，曾撰七律《壬辰冬致胞兄安民》，高度概括赞扬了大哥的精神品格。

三生有幸汝为兄，美德高风令我崇。
孝敬爹娘成榜样，关心姐弟送春风。
亲邻好友和谐乐，领导同仁共处融。
事业辉煌人仰慕，虚怀若谷笑谈中。

郑老师的大哥爱好古诗词，常以古诗词抒怀言志，赞美祖国山河，歌颂社会正能量，表达对亲友的关爱。郑老师幼时受过奶伤，体质较差，大哥经常给予关心。有一年，郑老师生病，大哥特赋七绝《寄语二弟》，给予精神上的安慰：

年高有恙莫延拖，抓紧时间访华佗。

大肚能容开口笑，庙前弥勒福星多。

2019年，安民先生通过中国文艺出版社正式出版了《抽屉小诗集》一书，收录了《寄语二弟》这首诗，郑老师再次拜读，倍感亲切，即赋七绝一首回赠兄长：

抽屉诗集入眼帘，小中亮出大光环。

深情寄语东坡意，故里他乡共月圆。

郑老师和他的大哥，个人地位和学术成就虽不能与大诗人苏轼苏辙兄弟相比，但手足之情极为相似。兄弟二人的诗词往来，使我们从现实生活中，从身边的人和事，感受到900多年前苏轼用“但愿人长久，千里共婵娟”的千古绝唱对胞弟苏辙所表达的那种既高尚又感人的兄弟之情。

郑老师在兄弟中排行第二，受父兄影响较深，他身上也有很多值得我们学习之处。他恪守百善孝为先的传统理念对待父母。孝不能必顺之，顺不能必孝之。1994年，家中的简易楼落成，他随即把父母安排住在一楼东面上首大房间里，自己和妻子则居住在西面下首小房间里，难能可贵。虽然日常生活起居和父母分开，但郑老师和妻子不时给予关怀，力求使父母满意。为此，作为长子、孝子又是游子的安民先生对父母的晚年生活多了一分放心，对胞弟叔裔也产生了一分敬意，从而发自内心地精心撰写了一副楹联在上海裱好后赠送郑老师，上联是“操行孝圣贤名芳故里”，下联是“沥血栽桃李誉满江洲”。

郑老师不负兄长的鼓励和鞭策，兴华村乡贤会成立时，他当选为副会长；2018 年获扬中市教育界十佳最美奉献奖。

两位老人去世时，郑老师尽力支持协助兄长把父母的后事办好，使亲邻满意。

2007 年，为纪念父亲去世一周年，郑老师花了大半年时间，废寝忘食，搜集整理资料，编撰了《慈善老人郑渭泉》一书，并请大哥安民任主编，审稿作序。时任扬中市市领导的卢万福、戴少华同志也很支持，分别给予题词和题写书名，使郑渭泉先生的可贵精神得到了弘扬。

郑老师坚持效仿父亲严格管教子女的方法，要求自己的子女洁身自好，履职尽责，忠诚担当，为党和人民贡献青春、智慧和力量，取得了一定的效果。

郑老师的大弟郑修己，不仅重孝，而且讲悌。郑老师长期生活在农村，子女多、负担重，妻子又是农村妇女，没有工作。1993 年郑老师家翻造简易楼房，经济拮据，实属勉强。在上海工作的大弟慷慨支持，首次资助 3000 元买砖头，后又帮助还债，总共达

8000元。大弟雪中送炭,郑老师十分感激,楼房建成后,特地为大弟在二楼安排一个固定房间，供其回乡探亲居住。大哥难得回乡，郑老师也同样给予妥善安排。

郑老师退休后，每月有固定的养老金，加上子女、孙子都参加了工作，经济情况好转，决定对大弟当年的资助加倍予以报答。但大弟十分仗义，始终不肯接受，致使郑老师一时难以做到“亲兄弟明算账”和“滴水之恩涌泉相报”，只能把亲兄弟讲义气的家庭美德和故事用文字传于后人。

郑老师和小弟从小随母亲在农村生活长大，互有帮助。但郑老师毕竟是哥哥，对小弟的帮助要多一些，特别是在1993年划分宅基地和自留地时，郑老师讲究兄弟义气，同意小弟要求，不按农业人口多少进行划分，照顾小弟一分多地，并且写进协议，实施过程由小弟主持，会计陈路生协助，大弟郑修己见证。当时小弟很是感动，在划分协议定稿时，特地加上“表示感谢”的字句。后来郑老师又应小弟要求，把屋后上大下小的滴水坡地取直浇平，让小弟门前整齐美观，还同意小弟越界打了围墙门墩，便于他家轿车进出。后经商定，东面一个门墩始终为两家共用，双方要予以保护，不得人为破坏。对此，小弟还特地发表声明抄送镇政府和村委会，以示郑重。故此事在兴华村不少人都知道，曾一度被传为美谈。

现在，郑老师在忠孝仁义等传统家风的基础上制定了通俗家训新十条，借以诫勉子孙。

忠于祖国　热爱家乡
诚实守信　立身立业
艰苦奋斗　爱岗敬业
多读诗书　少说空话
和亲睦邻　尊长爱幼
洁身自好　维护名节
奉公守法　讲究礼仪
禁毒戒赌　不贪钱财
亲近君子　谨防小人
坚持正义　捍卫真理

（原载 2021 年 12 月 16 日《扬中日报》，经村委会审核属实）

附：郑雨亭对该文其中一段的修改意见

郑老师和小弟从小随母亲在农村生活长大，互有帮助。但郑老师毕竟是哥哥，对小弟的帮助要多一些，特别是在1993年划分门前低洼自留地时，郑老师讲究兄弟义气，不要小弟用自家别处低田或高地变换，两家平均划分，让给小弟一分多低洼自留地，仅划入小弟家部分河塘使用，并且写进协议初稿，小弟很是感动，在对协议定稿时，特别加上“表示感谢”的字句。后来郑老师又应小弟要求，把屋后上大下小的滴水坡浇成一个矩形，使两家屋后、门前整齐美观，还同意小弟骑原界桩在东面砌了一个围墙门墩毛坯，并商定这个门墩建好（即粉水泥贴上瓷砖）后两家共用，此事在兴华村不少人都知道，曾一度被传为美谈。

2022年1月8日

注：骑原界桩即像骑马一样跨用两家地方。

第十一节　扬中一家人

喜霖

在江洲扬中三茅街道美丽兴华村，只要一提起郑渭泉先生一家人，村民们无不交口称赞，敬重与感激之情溢于言表。

郑渭泉先生出生于书香门第，自幼跟随做私塾教师的父亲饱读诗书，深受中华民族传统文化与美德的熏陶，养成了知书达理、忠厚仁义、勤劳俭朴、诚实守信、急公好义、济困扶贫的优良品格。1930 年他刚满 16 岁，便因家庭人口众多，入不敷出，生活困难，只身赴上海谋生，先后在袜厂与百货商店当学徒，替老板倒尿壶、擦地板，睡柜台、吃剩饭、挨打骂、受欺凌，饱尝人间的辛酸苦辣。但他不畏艰苦，忍辱负重，奋力打拼，不但学到了办工厂、做生意的经验，也历练了搏击商海、担当重任的能力，积累了人脉资源。1941 年他以卓越的才干与过人的胆识，千方百计在上海顺昌路顺阳里创办了金山棉毛织造厂，生产汗衫、背心、棉毛衫、棉毛裤等内衣，由本市各百货商店经销或代销。他办厂理念独特，视厂内职工为家人，事事带头苦干，处处身体力行，全厂上下精诚团结，共同奋斗。他经营方式灵活，在激烈的市场竞争中求生存、谋发展，使企业效益日益提升。1956 年，他带头响应党和政府的号召，金山棉毛织造厂以龙头企业的身份与几家同行合营为莹荫针织厂，后更名为上海针织九厂，现已发展壮大成为闻名遐迩的上海三枪集团有限公司。

郑渭泉先生于 1948 年举家迁至三茅乡二墩港三星圩，即现今三茅街道美丽兴华村 8 组定居。这里临近长江，村民大多是从大江南北迁徙而来的贫苦农民，文盲众多，生活极为困难。目睹这一状况，1950 年，郑渭泉先生毅然决定独资创办一所学校，让这里穷苦百姓的子女能够上学读书，增长知识，改变命运。于是他积极筹措资金，认真选址建房，置办课桌凳，购买办公教学用品。校舍建成后依据其地理位置，取名为三星小学，后更名为团结小学。小学聘请凌庆升、栾登铭等老师前来任教，承担他们的薪金及办公费用等。1956 年，党和政府对资本主义工商业进行社会主义改造，对私营企业实行赎买政策，郑渭泉先生积极拥护，金山棉毛织造厂在同行业中率先参加公私合营，他将金山棉毛织造厂所得赎买资金全部捐赠给了团结小学，多次为团结小学维修校舍，添置教学办公用品，购买书包、簿本分发给学生，勉励他们听毛主席的话，好好学习，天天向上。他的这种义举，受到了村民们的广泛支持与热情的赞扬。

郑渭泉先生创办团结小学只是他关心家乡、热心公益众多义举之一，他几十年如一日，见义勇为、乐善好施、克己奉公、助人为乐，尽心尽力为家乡谋福利，为社会做奉献，《扬中日报》、扬中电视台、《京江晚报》等媒体曾多次报道，《扬中文史资料》《扬中市教育志》《扬中市志》均有记载。郑渭泉先生晚年被誉为慈善老人，他 93 岁高龄因病去世时，村民们悲痛万分，离休干部张选龙与老教师张岭秀、张纪龙共同撰联"乐善好施岛上誉声传佳话，德高望重人间痛失老寿星"为他致哀。

郑渭泉先生的夫人阮淑贞女士是一位通情达理、善解人意的农村妇女，为了支持郑渭泉先生的事业，她留守家乡扬中，勤俭持家、和睦邻里，济困施贫留下许多佳话。20 世纪 50 年代，三星圩贫雇农葛纪文家境十分贫寒，日常生活开支主要靠用几十只黄鳝丫子捕捉黄鳝出售来维持。有一天不知何人昧着良心将他的黄鳝丫子洗劫一空，葛纪文急得欲寻短见。阮淑贞女士闻讯后急忙送去 10 元人民币，让他重新置办黄鳝丫子，为此葛纪文的妻子感激涕零，称阮淑贞女士是“大慈大悲南海观世音”，救了他们全家。贫农谭小乙是从塌江边迁至三星圩的移民，阮淑贞女士热情接待，主动腾出房屋安置其一家，提供生活用品、生产工具帮助其解决实际困难，后又全力支持其建成新房，谭小乙生前曾多次在我们面前叨念阮淑贞女士的恩情。近邻陈老三中年丧夫，带着孩子们艰难度日，曾因为其子陈龙保操办婚事资金不足而心急如焚，阮淑贞女士知晓后无奈身边无钱，便步行10多里路，专程到扬中县中学找任代课教师的儿子，嘱咐他赶紧凑足50元人民币帮助陈老三家解燃眉之急……阮淑贞女士87岁那年不幸因病去世，村民们纷纷前来吊唁，王绍请、杜国华、周德高三位先生撰写挽联“相夫教子克成闺道邻里咸称贤内助，济困拯贫乐善好施村民空巷赋招魂”，既高度评价了阮淑贞女士的一生，也生动描述了村民空巷为阮淑贞女士送行的感人场景。

郑渭泉先生与夫人阮淑贞女士共育有一女四子。女儿郑蕙英曾先后在金山棉毛织造厂与上海针织九厂工作，由于吃苦耐劳，积极肯干，勤奋学习，认真钻研技术，多次被评为岗位技术能手，获先进生产者的光荣称号。她用“传、帮、带”等方式，培养了众多的徒弟，使他们很快成长为企业的骨干力量，为企业的发展与壮大做出了不可磨灭的贡献。

郑渭泉先生的长子郑安民从小在上海长大，他德才兼备，为人处世堪称弟弟们的表率。他是上海园林专家之一，曾参与设计和建造奉贤古华园等。为纪念上海建城700周年，他撰写了具有历史文化价值的《古华园桥趣》等文章，刊登在上海市历史文化丛书中，语言生动，文笔优美，可读性强，深受读者欢迎。

郑渭泉先生的次子郑叔裔是一位优秀的人民教师，曾先后在家乡团结小学、群英中学、江苏省扬中职业教育中心任教，多年来兢兢业业，认真教书育人，桃李满天下，为家乡的教育事业做出了贡献。他擅长赋诗与写作，积极主动编写《美丽兴华》村史。兴华村乡贤会成立时，他当选为副会长，2018年荣获扬中市教育界十佳最美奉献奖。

郑渭泉先生的三子郑修己曾响应党和国家的号召，从上海去新疆生产建设兵团工作，为祖国的边疆建设贡献青春和才智。20世纪80年代，他依据国家的相关政策回上海工作，先后在上海市统益袜厂与上海市针织公司任职。在改革开放与经济建设的大潮中，他与时俱进，勇立潮头，业绩斐然，深受领导与同事们的好评。

郑渭泉先生的四子郑雨亭也是一位优秀的人民教师，由于在教学与教研工作中取得显著成绩，先后两次受到省级表彰与奖励，是扬中市首批学科带头人之一。中共扬中市委原书记、镇江市原副市长张学东同志在给郑渭泉先生的信中说："我和雨亭是同班同学，他虽在平凡的教育岗位，但德崇才博，为人诚厚。"这样的评价，极为中肯。

郑渭泉先生与阮淑贞女士虽然已经作古，但精神风范长存，他们对家乡所做的奉献永远铭刻在美丽兴华村村民的心中。他们的一女四子均已光荣退休，在党和政府的亲切关怀下安度晚年生活。郑渭泉先生一家人，是江洲扬中三茅街道美丽兴华村普通的一家人，也是值得敬重与点赞的一家人。

（原载2022年3月8日《扬中日报》，经村委会审核属实）

第七章　地灵人杰

兴华地灵人杰。民国时期，国民党扬中县政府设置北固乡（后改北屏乡），先后任命的5任乡长中有3位是兴华人。为革命牺牲被正式追认为烈士的有2位兴华人。新中国成立以后，在党的教育培养下，优秀地方干部、人民教师、标兵模范，还有像鲜花一样绽放在祖国各地的兴华人才，灿若群星。

一、副科级以上党政干部

兴华村副科级以上党政干部名单（截至2020年）

组别	姓 名	履职单位	备 注
1	陆昌海	扬中市油坊镇政府	钱积良女婿
3	徐君明	扬中市金控集团	
6	顾永生	扬中市新坝镇政府	
7	朱彦伟	外交部	
8	郑立新	江苏省高级法院	
8	肖昌云	江苏省人民检察院	郑叔裔儿媳
8	郑世红	扬中市园林局	
9	袁立顺	国家机要部门	
10	朱连喜	扬中市民政局	退休
10	刘福成	扬中市财政局	退休
10	朱纪斌	镇江市人民政府	

续表

组别	姓 名	履职单位	备 注
10	朱秀亭	扬中市油坊镇政府	
10	刘　平	扬中市纪委	
10	杨淑静	三茅街道办	朱纪云儿媳
13	马万军	扬中市公安局	
13	张政委	扬中市自然资源和规划局	
13	周习华	镇江新区	
14	朱　波	常州市海事局	
14	余广美	常州市自然资源规划局	朱波妻子
14	奚松峰	扬中市经济开发区	
15	刘来根	镇江市物资局	退休
16	朱秀龙		退休
17	陈学兵	扬中市交警大队	

二、副高级以上技术人员

兴华村副高级以上技术人员名单（截至2020年）

组别	姓 名	职 称	单位、地区	备 注
1	莫元贞	副师级护士长	南海医院	时文亮妻子
3	陈菊英	高级护理师	兴华村村委会	
5	陈荣林	高级工程师	上海	
5	陈华林	高级工程师	北京	
5	施秋萍	副主任护师	扬中市人民医院	
5	宫网余	高级会计师	镇江	
6	凌昌仁	高级工程师	江西	
7	汪　锋	高级工程师	北京	

续表

组别	姓　名	职　称	单位、地区	备　注
8	陈正祥	高级设计师	南京	
8	郑叔裔	中学语文高级教师 中华诗词学会会员	退休	
8	郑雨亭	中学物理高级教师	退休	
8	郑祥林	高级建筑设计师	上海	
9	郑玉林	高级工程师	南京	
10	刘福成	高级税务师	扬中市税务局	
10	蔡道美	高级药剂师	江都市卫生防疫站	
10	朱纪云	高级建筑师	江苏众城建筑安装工程有限公司	
14	朱高林	高级畜牧兽医师	扬中市农业农村局	
14	奚劲松	中学高级教师	扬中市第二高级中学	
16	宫发林	中学数学高级教师	扬中市第二高级中学	
17	刘　刚	副主任医师	扬中市人民医院	

三、乡镇级人大代表（截至 2020 年）

奚彩屏　三茅乡第八、九届人大代表

施大桥　三茅乡第九届人大代表

丁昌贵　三茅镇人大代表（1 届）

钱积良　三茅镇人大代表（2 届）

许红英　三茅镇人大代表（1 届）

陈路生　三茅镇人大代表（1届）

陈菊英　三茅镇人大代表（2届）

徐红根　三茅镇第十三届人大代表

四、市县级以上政协委员、人大代表（截至2020年）

郑渭泉　扬中县第一、二、三届各界人士代表会议特邀代表

扬中县生产救灾委员会委员（1949—1954年）

朱康习　扬中市第八届人大代表

袁立清　扬中市第九届政协委员

严纪荣　扬中市第九届人大代表

许红英　扬中市第十三届人大代表

朱秀才　扬中市第十五、十六、十七届人大代表

王荣美　扬中市人大代表

朱纪云　连续两年被推选为全国两会列席代表（1999—2000）

五、各条战线的模范人物（截至2020年）

蒋巧娣　全国五一劳动奖章获得者、江苏省劳动模范

王月珍　扬中市第三届道德模范提名奖

王龙保　三茅街道五好文明家庭标兵户

朱月桂　扬中县六好社员（20世纪70年代）

第八章　家国长城

进入 2020 年，鉴于新冠疫情的发生和蔓延，兴华人民众志成城抗击疫情，内防外堵，守护家园，战果辉煌。

回望过去，1949 年 4 月，扬中解放时，家住今兴华村 1 组的时文亮参加了中国人民解放军，后来成为海军干部，被授予大校军衔。他现在是兴华村唯一健在的军队离休干部。

新中国成立后，兴华村有志青年积极响应党和政府的号召，报名应征入伍，成为光荣的人民解放军战士。他们在部队锻炼成长，建功立业。很多人相继转业退伍，但又有很多青年承前启后，进入军营。他们犹如一块块红色的砖头，筑成保家卫国的钢铁长城；又如一颗颗闪光的石子，铸成捍卫人民政权的坚强石柱。20 世纪 60 年代中期，兴华村有 7 人参加了祖国大三线的建设兵团，成为建字号军人，完成使命后，分别转业到各地的国营企业，直到光荣退休。王龙保、王法华、李跃才参加过对越自卫反击战，上过老山前线。值得一提的是，2007 年，16 组的女青年朱萍应征入伍，服役两年，被誉为兴华村的花木兰。

第一节　疫情防控

林月珍

2019年，一场疫情突袭荆楚大地；2020，岁在庚子，疫情蔓延波及全国。在以习近平同志为核心的党中央的坚强领导下，兴华村人和14亿中国人民一起，众志成城、团结一心，打响了疫情防控的人民战争、总体战、阻击战。

灾难虽巨大，但压不垮英勇的中国人民。寒冬再漫长，也阻挡不了春天的脚步。随着4月8日武汉解封，随着钟南山院士发出的一句感慨“我们挺过来了”，春天如约而至。兴华人百感交集。

2020年2月上旬，兴华村逐步解封封闭路口，设置疫情防控服务点，加快恢复生产生活的正常秩序，全面推进复工复产，维护经济发展。截至3月下旬，驻村企业平均开工率已达99%。在持续保持常态化疫情防控的前提下，兴华村继续开展健康教育……

回望疫情暴发之初，飞机、高铁大部分停运，全国公路交通几乎停运，各地封桥封路，正常生产生活骤然“停摆”。兴华人和全体扬中人民一起，关爱着“风暴眼”里的武汉，关注着全国疫情迅速上升的数字，日日夜夜揪心，在紧张与焦虑中，守护着兴华这片热土。

“障百川而东之，回狂澜于既倒。”面对来势汹汹的新冠疫情，党中央沉着应对、果断决策。兴华村村“两委”迅速响应，紧急部署。从来没有一个冬天，让人如此迫切着等待春暖花开！再苦再难，兴华人坚信一定会挺过去，春天一定会到来。

大江流日夜，慷慨歌未央。2020年的中国抗疫，在中华民族史册、人类发展史册上写下悲壮雄浑的篇章。钟南山院士的一个“挺”字，辉映着全国人民在这场抗疫战中走过的艰辛历程。兴华村的史册上也因此一役留下了浓墨重彩的一笔。

自2020年1月24日起，兴华村村“两委”坚决贯彻落实习近平总书记关于把人民群众生命安全和身体健康放在第一位的重要指示精神，以及省、市疫情防控指挥部工作部署要求，强化组织领导，完善指挥体系，采取果断措施，疫情防控工作有序进行，并最终取得了零感染的光辉战果。

兴华村的主要措施和经验如下。

一、统一思想，强化责任担当

兴华村村“两委”成立了疫情防控工作领导小组，制定《关于加强新冠肺炎疫情防控工作方案》，细化任务分工，安排部署疫情防控各项工作，召开全体村干部、党员、村组长疫情防控工作安排紧急部署会议，要求全体人员充分认识疫情形势的复杂性、严峻性、紧迫性、长期性，全员进入“战时”状态，全力投入疫情防控工作，筑牢防止村外疫情输入防线。同时，就防控总体要求、具体任务和分工，以及后勤服务保障工作进行安排部署。面对疫情防控较为复杂的关键时期，要求村领导班子必须带头发挥先锋模范作用，全体干部党员和村民组长必须听从指挥、担当作为。

二、迅速响应，落实包保责任

根据扬中市疫情防控指挥部工作要求，村党委充分发挥战斗堡垒作用，全面统筹调度疫情防控工作，做到守土有责、守土担责、守土尽责。由林晓宁书记和朱秀才主任担任组长，负责综合协调，主抓整体工作，并适时及时制订防控预案，亲临一线，靠前指挥。同时发动干部、党员、村民组长、妇女代表及群众志愿者 146 名，从 1 月 24 日 23 时开始，对负责的管理区域细化分组，包保到党员干部个人，连夜入户开展拉网式、地毯式大排查，重点排查出武汉回扬、非武汉回扬的人群，确保一个不漏，及时上报。各工作组之间密切协作，层层压实责任，3 天时间，共排查走访登记 536 户 2032 人，其中湖北区域返扬人员 5 人（已过居家隔离期），其他外地返扬人员 187 人，全部签署了居家隔离告知书，并在其门口张贴居家观察到期日期告示。及时跟踪了解他们的心理动态，做好配合思想工作，关心生活所需，并对居家观察对象跟踪测量体温，做到负责片区内情况明、底数清，确保安全防控不漏一户一人。

三、强化管控措施，严防疫情输入

全村共封闭 24 处路口，硬封 20 处， 软封 4 处，仅保留金山学院岗和居家养老岗，扎牢“外防输入”的防线。从 1 月 24 日起，共计 50 天，防疫志愿者在两大关卡口实行 24 小时轮流值守、测量体温，对进出卡点的居民发放通行证 630 余张，并对居民的每次进出进行登记，对无必须外出理由的居民进行劝返，督促群众遵守规定居家隔离，确保防控工作万无一失。

加大对村民疫情防控知识的宣传力度，充分调动干部党员群众合力固守强防的抗疫意识。每天在全村循环播放上级“禁止外来人员入村”公告，张贴相关防控标语 200 多条。严令红白喜事一律简办。劝阻取消村内的 3 场喜事、1 场白事，以及一位 90 岁老人的庆寿宴请，确保不聚集、不聚餐，严防疫情输入。

四、积极宣传动员，营造良好舆论氛围

及时发布各类宣传公告。每家每户发放《致来扬、返扬人员及广大市民朋友的一封信》，以及手册、手写类资料1632份，村内村外共悬挂横幅60余条，坚持每天锣鼓巡回宣传一次，广泛普及新冠疫情防控知识；第一时间将官方渠道发布的疫情防控最新政策、规定等通过音频播放向群众公布；录制了具有兴华特色的宣传说唱，接地气，入人心，并在全村范围内的企业、超市、餐饮店、娱乐场所张贴告示，增强群众的自我保护意识，让防控知识科普遍地开花、家喻户晓。戴口罩、勤洗手、常通风、不聚集等科学常识迅速变成人们的日常习惯，营造了“共同抵御疫情、共同做好防护”的良好社区氛围。

强化正面舆论引导，全面广泛宣传动员。为了帮助一些群众克服焦虑、恐慌的心理，统筹网上网下的大事小事，多层次、高密度地发布权威信息，及时回应群众关切的问题，强化显政，坚定信心，着力稳定群众情绪，并及时宣传防疫抗疫一线的感人事迹，营造万众一心、共克时艰的防疫氛围。

五、强化公共卫生管理，确保服务保障落实到位

开展以环境整治为主、药物消杀为辅的病媒生物综合防治，强化公共卫生管理。对垃圾房、垃圾桶等重点场所进行全面卫生清理，及时组织处理垃圾污物。对社区服务大厅、公厕、卡口等公共场所进行喷雾消毒。集中回收垃圾，进行统一处理、统一消毒。在全村设置3处废弃口罩回收点，多方位宣传废弃口罩的处理方法。对村域内的垃圾做到日产日清，将常态化防控的有益做法融入公共卫生日常管理。

根据上级统一要求，确保服务保障落实到位。村“两委”多方筹备，及时储备了口罩、体温计、消毒用品等抗疫相关物资。在2个卡点及其他公共场所发放口罩700余只、防护手套150余双。对居家观察人员的生活所需提供及时的帮助，“安全距离可以有，人间温暖不能无”。团结就是力量，互助就有信心。

六、积极推动企业复工复产，确保经济平稳运行

在按照扬中市抗疫指挥部要求做好防控工作的前提下，积极响应习近平总书记分区分级差异化防控的策略，在逐步恢复居民生活秩序的同时，到驻村企业发放《关于企业复工和学校复学安排的通知》《镇江企业安全复工须知》，并对各企业复工复产提出了要求：1. 防控机制到位；2. 员工排查到位；3. 设施物资到位；4. 内部管理到位；5. 安全环保措施到位。通过移动、电信平台进行企业复工人员行踪轨迹核实，督查各企业是否严格按照通知执行，不符合要求坚决不允许提前复工。对已经复工的企业，安排督察员、安全员每天深入企业进行防控工作的检查，发现问题及时督促整改。在常态化疫情防控中全面推进复工复产，加快恢复生产生活正常秩序，维护经济发展和社会稳定大局。

七、同舟共济，众志成城，干群一家亲

抗疫期间，兴华村抗疫工作组共收到30名党员的自愿捐款7800元；收到天净中保高国庆捐款2.9万元，惠康机电陈平已捐款5000元；收到鑫成广告郭凯、花月公司鞠培荣，何云华、徐成洪个人，以及市司法局捐赠的各类食品45件。在村党委设置的防控卡点，时常有群众自发给日夜在卡点口执勤的同志们送去方便面、面包、奶茶、水果、矿泉水等，甚至还有有心的群众为值守的同志送去鱼肉蔬菜。责任、担当、爱心、善意化为一次次细致的行动、一件件具体的实事，充分体现出村“两委”在日常开展的工作中，与社区居户及各级单位组织建立了良好干群关系。同时，不论是深夜上门全面排查登记、巡回锣鼓音频宣传、卡口出入登记，还是后来的复工、复产、复学管控，都得到了社区群众的充分理解和全力支持，从而确保了兴华村抗疫工作的顺利开展和最终平安收官。

美国作家赛珍珠曾感慨：“没有任何事任何人可

以摧毁中国人，他们是善于从苦难中生存的坚韧之人。”灾难，是观照一个民族灵魂的镜子。抗疫期间，有句话刷屏了：“劲头上来了，很多东西都能解决。”这股劲，就是中国人的精气神，就是永恒不灭的民族魂。

面对疫情兴华人逆行而上，奉献担当，恪尽职守。在这场没有硝烟的战争中，村“两委”充分发挥战斗堡垒作用，领导班子以身作则、率先垂范，带头冲在抗疫最前线，全体抗疫人员服从安排、任劳任怨，人人担当负责，个个尽心尽力，舍小家顾大家，汇小我成大我。有的同志连续加班熬夜值守，有的同志轻伤不下火线，有的同志整天在村里为群众做着各种宣传……兴华人用实际行动诠释了担当和奉献的深刻内涵。岁月静好，只因有人负重前行；稳若泰山，源于根基坚实如铁。

看如今的兴华村内外，马路和巷道逐渐变得喧闹，乡野村庄升腾起熟悉的烟火气，工厂机器再度轰鸣，校园里又响起琅琅的读书声……

一个健康无恙的兴华，一个蓬勃向上的兴华，一个砥砺前行的兴华，经过这一场抗疫的全面“考试”，全方位地考出了一个好成绩。兴华人将会继续时刻保持如履薄冰的谨慎、见叶知秋的敏锐，在今后的各项工作中，正视最坏处，解决最难处，做在最实处，继续努力，争取更大的成绩。

第二节　坚强柱石

一、转退军人

兴华村转退军人名单（截至 2020 年）

组别	姓 名	性别	出生年月	入伍时间	退伍时间	备注
1	于德贤	男	1954 年 9 月	1973 年 12 月	1978 年 3 月	
1	张正宏	男	1984 年 2 月	2003 年 12 月	2005 年 11 月	
1	钱积善	男	1942 年 6 月	1963 年 8 月	1969 年 3 月	
2	夏纪林	男	1951 年 10 月	1970 年 12 月	1975 年 3 月	
2	王龙保	男	1955 年 12 月	1966 年 8 月	1970 年 1 月	
2	邹来虎	男	1941 年 7 月	1960 年 7 月	1965 年 3 月	
2	顾秀春	男	1937 年 7 月	1966 年 8 月	1970 年 1 月	
3	蒋相根	男	1962 年 9 月	1982 年 10 月	1989 年 4 月	
3	陈兴玉	男	1974 年 6 月	1992 年 12 月	1995 月 12 月	
3	戴分祥	男	1988 年 9 月	2008 年 12 月	2010 年 12 月	
3	孙德平	男	1992 年 9 月	2010 年 12 月	2012 年 12 月	
3	戴桂彬	男	1962 年 11 月	1979 年 10 月	1985 年 11 月	
4	王　欣	男	1959 年 10 月	1978 年 3 月	1982 年 3 月	
4	刘桂保	男	1947 年 11 月	1970 年 10 月	1976 年 3 月	
4	刘贤风	男	1953 年 6 月	1972 年 12 月	1977 年 3 月	
4	刘良平	男	1981 年 8 月	2000 年 12 月	2002 年 12 月	
4	杭纪发	男	1951 年 9 月	1970 年 12 月	1976 年 3 月	
4	王瑞浩	男	1999 年 6 月	2018 年 9 月	2020 年 9 月	
5	顾网荣	男	1976 年 10 月	1994 年 12 月	2007 年 4 月	
5	顾瑞国	男	1962 年 8 月	1980 年 11 月	1986 年 1 月	

续表

组别	姓 名	性别	出生年月	入伍时间	退伍时间	备注
6	张文德	男	1943 年 1 月	1964 年 10 月	1968 年 3 月	
6	王法华	男	1962 年 8 月	1979 年 12 月	1986 年 1 月	
6	戎卫东	男	1977 年 8 月	1993 年 12 月	1997 年 12 月	
6	顾跃进	男	1958 年 12 月	1985 年 10 月	1987 年 12 月	
6	顾永超	男	1992 年 4 月	2011 年 12 月	2013 年 12 月	
6	顾瑞仁	男	1948 年 9 月	1968 年 3 月	1971 年 6 月	
7	朱小纪	男	1957 年 1 月	1976 年 1 月	1980 年 1 月	
8	陈正富	男	1952 年 11 月	1972 年 10 月	1977 年 3 月	
8	刘纪宏	男	1973 年 7 月	1993 年 12 月	1996 年 12 月	
8	陈 平	男	1982 年 11 月	2002 年 10 月	2004 年 10 月	
9	左绍文	男	1961 年 1 月	1978 年 10 月	1980 年 12 月	
9	王炳生	男	1950 年 12 月	1973 年 3 月	1977 年 3 月	
9	陈冬林	男	1964 年 1 月	1982 年 10 月	1985 年 11 月	
9	陈怀根	男	1963 年 5 月	1981 年 12 月	1985 年 12 月	
9	袁 林	男	1988 年 9 月	2006 年 10 月	2008 年 10 月	
9	杨袁林	男	1988 年 11 月	2007 年 10 月	2009 年 10 月	
9	张恒才	男	1950 年 10 月	1972 年 10 月	1976 年 4 月	
9	徐 凡	男	1998 年 5 月	2016 年 9 月	2018 年 9 月	
10	蔡立新	男	1960 年 5 月	1979 年 12 月	1982 年 12 月	
10	马文林	男	1954 年 11 月	1973 年 12 月	1977 年 3 月	
10	刘福成	男	1943 年 7 月	1964 年 8 月	1969 年 3 月	
10	朱纪兵	男	1962 年 8 月	1980 年 11 月	1906 年 10 月	转业
10	赵 斌	男	1986 年 3 月	2004 年 10 月	2006 年 10 月	
10	朱连喜	男	1942 年 12 月	1959 年 12 月	1974 年 11 月	转业

续表

组别	姓 名	性别	出生年月	入伍时间	退伍时间	备注
10	蔡道富	男	1937 年 6 月	1957 年 12 月	1959 年 12 月	
10	魏　超	男	1989 年 12 月	2007 年 10 月	2009 年 10 月	
11	马国华	男	1963 年 5 月	1982 年 11 月	1994 年 9 月	
11	魏植成	男	1938 年 12 月	1956 年	1962 年	转业
11	邹克明	男	1951 年 12 月	1969 年 12 月	1975 年 3 月	
11	邹华东	男	1982 年 8 月	2003 年 12 月	2005 年 12 月	
11	耿龙华	男	1960 年 5 月	1979 年 12 月	1981 年 12 月	
11	耿　强	男	1989 年 9 月	2007 年 12 月	2009 年 12 月	
12	耿龙怀	男	1966 年 1 月	1985 年 11 月	1989 年 3 月	
12	耿龙海	男	1959 年 8 月	1979 年 12 月	1982 年 12 月	
12	朱纪才	男	1959 年 1 月	1977 年 12 月	1980 年 11 月	
12	陈　征	男	1988 年 8 月	2006 年 12 月	2008 年 12 月	
13	朱阿章	男	1957 年 8 月	1976 年 12 月	1980 年 12 月	
13	柏文忠	男	1957 年 12 月	1976 年 6 月	1980 年 12 月	
13	王　健	男	1994 年 6 月	2012 年 12 月	2014 年 12 月	
13	张征国	男	1981 年 9 月	2000 年 12 月	2002 年 12 月	
13	石春芳	男	1968 年 8 月	1984 年 10 月	2013 年 12 月	转业
13	张政委	男	1968 年	1998 年 12 月	2017 年 3 月	转业
13	徐君龙	男	1948 年 10 月	1968 年 3 月	1971 年 3 月	
14	顾大成	男	1962 年 10 月	1981 年 10 月	1986 年 1 月	
14	陈国生	男	1980 年 6 月	2001 年 12 月	2003 年 12 月	
14	刘庆丰	男	1960 年 1 月	1978 年 3 月	1982 年 1 月	三等功
14	何　坚	男	1983 年 1 月	2001 年 12 月	2003 年 11 月	
15	刘春根	男	1958 年 2 月	1978 年 12 月	1982 年 1 月	

续表

组别	姓 名	性别	出生年月	入伍时间	退伍时间	备注
16	肖天国	男	1975 年 03 月	1995 年 12 月	1998 年 8 月	
16	陈忠林	男	1960 年 05 月	1978 年 12 月	1982 年 1 月	
16	石祥龙	男	1988 年 08 月	2006 年 12 月	2008 年 12 月	
16	朱秀才	男	1964 年 9 月	1983 年 11 月	1986 年 11 月	三等功
16	朱　萍	女	1988 年 11 月	2007 年 12 月	2009 年 12 月	
16	林成余	男	1958 年 01 月	1976 年 3 月	1980 年 3 月	
16	肖德发	男	1945 年 05 月	1964 年 3 月	1970 年 3 月	
17	刘开明	男	1958 年 01 月	1979 年 11 月	1981 年 11 月	
17	张非凡	男	1992 年 01 月	2010 年 12 月	2012 年 12 月	
18	李德鹏	男	1985 年 12 月	2003 年 12 月	2005 年 12 月	
18	严晓虎	男	1986 年 6 月	2004 年 12 月	2006 年 12 月	
18	朱华银	男	1962 年 9 月	1982 年 1 月	1984 年 1 月	
18	李跃才	男	1955 年	1976 年 1 月	1981 年 1 月	三等功

二、复员军人

兴华村复员军人名单（截至 2020 年）

组别	姓 名	性别	出生年月	入伍时间	退伍时间	备注
2	顾秀春	男	1938 年 4 月	1965 年 8 月	1970 年 1 月	
5	顾圣余	男	1944 年 12 月	1965 年 8 月	1991 年 7 月	
5	施正春	男	1927 年 2 月	1965 年 8 月	1982 年	
7	季成福	男	1941 年	1965 年 8 月	1983 年 5 月	
8	陈国栋	男	1938 年	1965 年 8 月	1980 年	
9	刘元彬	男	1941 年 8 月	1965 年 8 月	1996 年 4 月	
10	严华福	男	1941 年 10 月	1965 年 8 月	1971 年 3 月	

三、现役军人

兴华村现役军人名单（截至 2020 年）

组别	姓 名	性别	出生年月	入伍时间	退伍时间	备注
3	蒋泽宇	男	1998 年 5 月	2017 年 9 月		
16	朱子翔	男	1999 年 8 月	2017 年 9 月		

第九章　村组干部

兴华村村组两级干部，是农村最基层的干部，是社会主义新农村建设的组织者、领导者和直接参与者。长期以来，他们吃苦在前、享乐在后，全心全意为集体办事，为人民服务，鞠躬尽瘁。积劳成疾者有，以身殉职者有，他们为集体经济的发展、环境面貌的改善和百姓生活水平的提高，做出了不可磨灭的贡献，无愧于广大村民公仆的身份。

第一节　村主要干部

行政村党组织和行政领导班子，是带领广大人民群众建设社会主义新农村的指挥部，也是决胜全面小康的坚强战斗堡垒。所有干部，特别是一些主要干部，即定额干部，长期生活在基层，工作在基层，和人民群众心连心、同呼吸、共甘苦，在不同的历史时期，为兴华村的建设和发展做出了自己的贡献。经多方努力、调查核实，将他们的名字载入村史，使其千秋万代、熠熠生辉。

初级社主要干部名单（1955 年）

名　称	社 长	会计	备　注
永胜圩社 4 社	钱如万	邹全喜	辖今兴华 1—2 组
三星圩社 3 社	潘永志	汪景泉	辖今兴华 7—9 组
生字圩社 1 社	施正春	王明山	辖今兴华 5—6 组
益民初级社	黄锦根（正） 王玉芳（副）		辖今指南 15—16 组 和今兴华 3—4 组
兴华初级社	张明龙	柏沂臣	辖今兴华 10—18 组

高级社主要干部名单（1956—1958 年）

名　称	支部书记	副支部书记	社长（主任）	副社长	主办会计
指南高级社	李元兴	吴学诗	施正春	吴永余 潘圣龙	汪景泉

注：辖今指南 1—18 组、今兴华 1—9 组。

管理区主要干部名单（1958—1962 年）

名　称	支部书记	主任	主办会计
兴华管理区	潘圣龙	顾其凤	汪景泉

注：辖今兴华 1—18 组。

原团结大队（村）书记、主任、会计名单

支部书记		大队长或村民委员会主任		主办会计	
姓名	任职时间	姓名	任职时间	姓名	任职时间
施正春	1962—1965	潘圣龙	1962—1965	汪景泉	1962—1970
潘圣龙	1965—1966	张荣根	1966—1977	王明山	1971—1974
邹来虎	1966—1968	罗克文	1977—1988	罗克文	1975—1976
吴善庆	1968—1988	左朝成	1982—1986	潘清明	1977—1983
张元林	1988—1993	季成龙	1986—1996	张元林	1984—1988
张正斌	1993—1996	钱积良	1997—2001	陈路生	1989—2001
季成龙	1996—1997				
姚永红	1997—1999				
顾瑞云	1999—2001				

注：辖今兴华 1—9 组。

原兴华大队（村）书记、主任、会计名单

支部书记		大队长或村民委员会主任		主办会计	
姓名	任职时间	姓名	任职时间	姓名	任职时间
顾其凤	1962.3—1964.10	朱锦同	1962—1966.6	严桂宽	1962.3—1966.7
张明龙	党组织临时召集人	张道生	1968.8—1973.4	秦德本	1966.8—1982.10
潘圣龙	1966.2—1973	奚彩屏	1973.5—1987.12	严纪荣	1982.11—1996.3
刘美珍	1973.5—1992.2	丁昌贵	1982.10—1987.12	严纪祥	1996.4—1997.5
丁昌贵	1992.3—1996.2			严纪荣	1997.6—2001
胡明生	1996.3—1998.3	丁昌贵（农业）	1989.1—1992.2		

续表

支部书记		大队长或村民委员会主任		主办会计	
姓名	任职时间	姓名	任职时间	姓名	任职时间
朱秀才	1998.4—2001.3	朱秀才（兼）	1993—2001		
		严纪荣（副）			

注：辖今兴华 10—18 组。

重组后的兴华村干部名单（2001—2021 年）

职　务	姓　名	任职时间	其他干部名单
书记	朱秀才	2001—2005.3	朱卫国
行政召集人	顾瑞云	2001—	孙德平
主任	钱积良	2001—2005	张非凡（辞职）
主办会计	严纪荣	2001—2005	臧俊（调出）
妇联主席	王荣美	2001—2005	张建伟（调出）
妇联协助	陈菊英	2001—2005	陈雨（调出）
民兵营长	陈兴玉	2001—2007	付伟（调出）
书记	陈纪龙	2005—2007	张慧
主任	朱秀才	2005—2020.10	杜纪勇（2020.10）
会计	王荣美	2005—2021.7	
妇联主席	陈菊英	2005—2021.5	
书记	陈兴玉	2007—2017.8	
书记	林晓宁	2017.8—2020.10	
书记	莫兆祥	2020.10—2021.8	
书记	黄长军	2021.9—	
主任	丁基彬	2021.1—	

职 务	姓 名	任职时间	其他干部名单
会 计	朱美芳	2021.8—	
妇联主席	吴 蕾	2021.5—	
民兵营长	孙德平	2018.5—	

兴华村村干部分工表（截至 2021 年）

姓 名	职 务	工作职责
黄长军	党委副书记	全面工作
丁基彬	主任、党委副书记	负责行政工作、协助经济工作
朱美芳	会计	党建、财务、农业合作社、服务业、审计、统计、采购
杜纪勇	纪检书记	纪检、建房管理、环保、协助环境（八位一体）
孙德平	团支部书记	工程、综治、团支部、民兵、退役军人、科技科协、档案、民宗、12345、协助建房
张慧	人社协理员	劳保、退管、联队会计、工会、协助安全生产
陈菊英	卫健主任	妇联、卫健、文体、村务、民调、居家养老、协助八位一体
朱卫国	治保主任	民调、安全生产、环保、农副水、关工委、老年协会
王荣美	民政协理员	民政、残联、环境（八位一体）
吴蕾	基层组织员、妇联主席	党建、宣传、办公室、文教、食品药品

第二节　村一般干部（1962—2000 年）

村一般干部包括农副业主任、妇联主席、治保主任、调解主任、民兵营长、联队会计、工会主席、团支部书记、农技员等。他们协助配合村里的主要干部开展工作，像绿叶扶持红花一样，做出了自己的贡献。

一、老团结片（1—9 组）

钱如萬　汤德余　左朝成　陈玉林　吴善庆
罗克文、季成龙　杭纪发　陈兴玉　耿美英
施兰芳　许红英　陈菊英　高　源　蔡洪保
周纪林　施大章　汪景泉　陈正华　王月珍
共计 20 人

二、老兴华片（10—18 组）

柏沂臣　朱锦桐　刘才保　朱康明　刘红珍
祝兰英　朱康棣　刘美珍　严华贵　秦恒才
郭仕顺　朱响林　朱为民　刘开明　马文林
严纪祥　肖天国　陈荣英　陈道庆　王永金
宫如龙　王长明　蔡道林　王荣美　林成余
耿龙怀
共计 26 人

第三节　组队干部

一、第 1 村民小组（队）：32 户

历任组长（截至 2020 年，以下同）：

杨学建　钱积良　朱忠良　时光纪　钱积友
胡在华　陈太华

历任会计（截至分田到户，以下同）：

陈　强　杨学贵　钱积良

历任妇女代表（截至 2020 年，以下同）：

景顺娣　左成英

二、第 2 村民小组：34 户

历任组长：

汤德余　王友富　姚恒田　林纪根　赵金祥
许冬波

历任会计：

邹全喜　高义德

历任妇女代表：

姚桂英　王美华　陈庆兰　陈启芳

三、第 3 村民小组：36 户

历任组长：

蒋万生　蒋万安　徐存道　戴桂福　吴跃武
蒋华保

历任会计：

戴兰友　徐存道　张荣春

历任妇女代表：

林月英　陈菊英　张　燕

四、第 4 村民组：37 户

历任组长：

张荣根　蔡义广　陈兴福　蔡洪保　蔡纪林

戴明芳　谢小平

张元林　陈小群

历任会计：

戴道祥　张元林　施纪保

历任妇女代表：

王玉芳　戴明芳

五、第 5 村民小组：29 户

历任组长：

徐殿旺　周万富　沈义川　庄冬保　顾冬喜

庄冬保　施大桥

历任会计：

宫如宏　沈义川　周纪林

历任妇女代表：

施兰芳　耿菊英　韦巧娣　王彩英

六、第 6 村民小组：32 户

历任组长：

张德模　凌华生　顾明庆　张元林（兼）

陈玉林　曹学勤　张文德　顾跃进　曹乃康

历任会计：

顾圣芳　高　源（兼）　罗春兰

历任妇女代表：

顾凤兰　李金兰

七、第 7 村民小组：21 户

历任组长：

葛纪文　吴永刚　朱康习　冯国华　朱华生
冯彩平　汪　辉

历任会计：

徐子文　杨春龙　季正友　朱珍娣　张美兰

历任妇女代表：

蒋冬英　曹章娣　祝瑞娣

八、第 8 村民小组：22 户

历任组长：

于大根　梁仁礼　于腊根　陈路生　陈正华
马真兰　陈正洪　陈路生　于洪林

历任会计：

戴敬福　陈路生　施美英（兼）　耿纪明
陈正华

历任妇女代表：

耿美英　马真兰

九、第 9 村民小组：52 户

历任组长：

陈正旺　陈兆保　徐小海　唐瑞宏　左朝成

袁立清　刘元彬　陈广春　王炳生

历任会计：

姚纪友　王炳生　徐桂平

历任妇女代表：

陈王氏　蔡兰芳　朱金玲　杨琴娣　刘月琴

十、第 10 村民小组：36 户

历任组长：

朱春章　拜荣林　赵金荣　严华贵　郭士顺

赵金荣　郭士根　邹克龙　蔡立新　朱纪和

历任会计：

郭来娣　杨兰美　蔡道林

历任妇女代表：

马六小　刘桂兰　李晓美　张　玲

十一、第 11 村民小组：16 户

历任组长：

陈安福　王纪明　陈菊小　耿太法　王长明

傅怀章　耿龙才

历任会计：

陈道和　马成福　薛如祥　王长明

历任妇女代表：

陈菊小　葛巧云　钱粉英

十二、第 12 村民小组：18 户

历任组长：

朱响林　王珍女　许长法　朱响本　耿龙怀

历任会计：

耿龙春　王长明（兼）陆扣林　张开生

历任妇女代表：

朱春芳　朱纪兰　冯习珍

十三、第 13 村民小组：51 户

历任组长：

拜孩锁　张应山　周克圣　张元才　周荣海

朱卫国　马纪红　郭连根　孙德春

历任会计：

杨文才　郭连根　拜纪章　柏文忠　张元良

历任妇女代表：

张桂英　马纪红　周　凤

十四、第 14 村民小组：36 户

历任组长：

刘才保　朱刚元　徐嘉福　陈显明　顾发志

陈显明　陈显华　王桂兰　顾其华　王桂兰

徐其祥

历任会计：

徐嘉福　朱高林　陈显明　王巧英　陈显华

历任妇女代表：

陈美英　高兰英　周永兰　王桂兰　孙明珍

十五、第 15 村民小组：16 户

历任组长：

刘国民　陈荣英　陈巧英　秦恒才　秦　华

历任会计：

秦德本　耿昌银　胡巧香

历任妇女代表：

刘红珍　张郭氏　陈荣英　董美萍

十六、第 16 村民小组：38 户

历任组长：

徐殿福　刘怀进　徐殿福　朱康顺　徐万春

朱康明　刘桂兰　宫如龙　林成余　张纪兰

历任会计：

朱锦华　宫如龙　张永生　陈春保

历任妇女代表：

刘桂兰　张纪兰

十七、第 17 村民小组：21 户

历任村组长：

何广武　刘国顺　何广武　祝其贵

历任会计：

陈立朋　祝其贵　张春阳（兼）朱卫国（兼）

顾祥美　祝其贵

历任妇女代表：

朱巧云　何吉娣

十八、第18村民小组：50户

历任组长：

林志银　杨学文　朱宝富　徐君进　林纪明

杨国平　丁基彬　唐　震

历任会计：

张德松　严纪荣

历任妇女代表：

祝兰英　丁兰珍　倪兰女　蔡春美　薛素珍

蔡春美

（以上排名最后者为现任）

第四节　兴华村共产党员名单（截至2021年）

一、共产党员名单

1组：钱积良　钱积善　陈　强　胡雅倩

2组：夏纪林　王龙保　罗宝华　许才喜

3组：李　梅　戴桂保　陈菊英　朱美芳

孙德平

4组：王六斤　王　敏　杭纪发　唐瑞兵
刘良平　蒋巧娣
5组：顾金山　施大桥　顾网荣　张正斌
6组：凌　晨　徐红根　徐　俊　谢张菁
7组：季成龙　朱小纪　潘清明　陈　英
8组：郑叔裔　陈正富　陈路生　李泰锋
黄　霞　刘纪才
9组：王炳生　刘元斌　袁　林　陈阳俊
10组：蔡道林　刘福成　朱连喜　马文林
张　玲　李宗宝
11组：黄　凯　陈文佳
12组：耿龙怀　朱燕华
13组：朱阿章　刘美珍　朱卫民　朱卫国
杨　翠　郭芙蓉
14组：陈平生　奚彩屏　顾大成
15组：张元根　秦巧萍
16组：张纪兰　朱　萍　石祥龙　肖天国
陈　平　林成余
17组：张道生　张非凡　王兴华　张小燕
18组：丁昌贵　徐志余　张道明　严晓虎
严纪祥　严纪荣　丁基彬　吴　蕾
丁基勇　倪加慧

二、已故共产党员名册

1 组：钱如万

2 组：罗松南　邹来虎　罗克文

3 组：蒋万生　吴善庆　蒋万龙

4 组：王玉芳　张荣根　潘友根　王　欣

5 组：施正春　施兰芳　孙厚福

6 组：王明山　顾瑞云

7 组：潘永志　潘圣龙

9 组：陈正修　左朝成

11 组：张明龙

12 组：倪正清

13 组：柏沂臣

14 组：刘才保　朱康棣

15 组：张广富

16 组：朱康明　刘桂兰

18 组：祝兰英

第十章　美名千古

第一节　灿德光明　璜本纯正

——慈善老人郑渭泉生平传略

张纪龙

郑渭泉，一位自甘清贫、扶危济困、热心公益事业的退休老人，用他充满情和爱的脚步走完了 93 个春秋的人生之路，在扬中人民心中留下了灿烂而永恒的记忆。

郑渭泉，又名郑灿璜，1914 年农历八月初九出生在扬中市三茅镇南屏村一个贫苦的家庭，兄妹 7 人，他排行老大。1948 年，因家庭人口太多，实在无法居住，已经成家立业的郑渭泉就携妻小到三茅镇兴华村(当时的二墩港三星圩)定居。其父亲郑南山学识渊博，推崇礼教，在兴隆赵家埭做私塾先生，收入微薄。母亲王姑贤生性直率，乐善好施，尽管自己家庭困难，却经常周济别人，常常把上门乞讨的叫花子请到家里同桌吃饭。郑渭泉就是在这样一个充满传统文化与美德的家庭熏陶中长大成人的。

1930 年，一穷再穷的家庭已无法支撑下去了，父母只好托人介绍，把年仅 16 岁的郑渭泉送到上海谋生。他先后在中南袜厂和一家百货店做学徒，过着非人的生活，睡马路、躺柜台、擦地板、倒尿盆、挨打骂、受折磨，但他不畏艰难困苦，以顽强的毅力、勇敢的精神、热情的态度、诚恳正直的品质，赢得了老板的好感和同行的敬佩，同时也学到了商海生存的经验，在上海站稳了脚跟，并成为老板的得力助手。

1941 年，他又以非凡的聪明才智和过人的胆量与气魄，在父亲及其亲友的帮助下，借贷 1500 万元（旧币），与弟弟郑玉良合伙，租借当时的顺昌路顺阳里民房，创办了金山棉毛织造厂，主要生产汗衫、棉毛衫、棉毛裤等，送各百货商店经销或代销。由于郑渭泉经营有方，且视工人如兄弟，处处身体力行、带头苦干，企业不断发展。1956 年公私合营时，该厂并入上海针织九厂，即今闻名遐迩的三枪集团前身。

郑渭泉先生一生最关心挂念的就是家乡的父老亲人和家乡的建设发展。在上海做学徒期间，他把仅有的一点零花钱节省下来接济家乡穷人，尽自己所有甚至借贷帮助那些急需帮助的穷人。贫农潘永志害眉毛疔，他花了旧币 5 万元为其治好；贫农时宝银到上海谋生走投无路，他不仅为其提供食宿，还提供回家的路费。他先后介绍家乡 30 多名穷苦子弟到上海就业。他创办的金山棉毛织造厂，所招工人都是家乡的穷苦兄弟。不仅如此，他还经常买些十滴水、仁丹、消炎片等常用药品带回家乡，分发给缺医少药的乡亲。这种做法一直坚持到 20 世纪 60 年代农村成立合作医疗为止。

早在新中国成立前，郑渭泉先生在新创办的企业刚刚起步、资金十分缺乏的情况下，就与当时的扬中县政府联系，出资购买了木头等材料在封头坝江边打桩止坍。

1945 年他又与当时的扬中县南屏乡乡长孙峻根规划，出资将靠近沙家港的观音庵改建成观音庵小学（即后来的沙家港小学），还为南屏乡购买了防盗打更的铜锣和救火的水龙等。

同年，当听说八桥创办中学时，他立即发去贺信并汇寄了钱，为学校买了鼓号。先后受郑渭泉先生捐资赞助的还有当时的老郎街小学、太平桥小学、大升庄小学、周家墩小学……2002 年，他还向三茅中心校、普济小学和丰裕中心校分别捐赠 500 元。

1950 年郑渭泉先生独资创办三星小学 (后来改为团结小学) 的壮举，更是感天动地。

二墩港三星圩是郑渭泉先生新家所在地，这里靠近扬中北江边，居民大多从苏北迁移而来，地贫人苦，文盲众多。经过一段时间的反复酝酿后，郑渭泉先生筹措资金，选址建房，置办桌凳，购买办公教学用品。那个时候的郑渭泉先生不仅要为保证有足够的资金建好这个学校费尽心力，还要为施工质量和施工进度操心劳碌，同时要为自己企业的正常生产出谋划策。他心系扬中、上海两头，奔波于扬中、上海两地，经常废寝忘食，却乐此不疲。

校舍建好了，所有教学设施齐全了，他又从苏北聘请了凌庆升、栾登铭老师来执教，并包下了他们的全部工资、伙食及办公费用。这在当时是一笔非常可观的支出。

1956 年，党和政府对资本主义工商业实施社会主义改造，郑渭泉先生从一个并不十分富足的小老板转变成一名普通的职工，仅靠工资生活，收入微薄。但他为了家乡的学校能办下去，总是节约再节约，艰苦再艰苦。当时政府对私营企业采取赎买政策，把金山棉毛织造厂所有资产折成人民币 2341 元分 10 年归还，郑渭泉先生把政府归还的资金全部捐给了三星小学和指南小学。他还不止一次地从上海买回书包、簿本分发给学生，勉励学生听毛主席的话，好好学习、天天向上。他的这些义举，得到了家乡父老的热情赞颂，也使当时的扬中县县长陈忠廉感动不已并给予高度评价，亲笔写信感谢他对扬中人民教育事业的关怀。

1953 年 8 月，郑渭泉先生回家探亲，恰逢他 40 岁生日，县、乡、村领导和多所学校的代表及群众、社会名流纷纷上门祝贺。沙家港小学赠送楹联“灿德光明，璜本纯正”；三星小学赠送楹联“创校兴家利人利己，急公好义为国为民”。对于大家的盛情，郑渭泉先生一再表示衷心感谢，一再表示愧不敢当。第二天，他仅将几副楹联留下来作纪念，其余钱物之类全部赠送给三星小学并张榜公布原捐赠的个人和单位。

提起郑渭泉先生为家乡人民所做的巨大贡献，离休干部张选龙赞叹不已，津津乐道。

张选龙同志是原扬中县县长陈忠廉的警卫员。他回忆说：“1950 年，刚刚解放的扬中发生了特大水灾，为了解救扬中人民，我随陈忠廉到上海募捐。一到上海，郑渭泉先生不仅热情接待我们，还不辞辛苦地东奔西走，大声疾呼，号召在上海的所有扬中人关心桑梓，捐钱献物。在扬中旅沪同乡会理事、监事及代表会议上，郑先生慷慨陈词、带头捐献，使募捐工作顺利进行，取得了很好的成效。”

毛泽东同志曾经说过：“一个人做点好事并不难，难的是一辈子做好事，不做坏事，一贯地有益于广大群众，一贯地有益于青年，一贯地有益于革命，艰苦奋斗几十年如一日，这才是最难最难的啊！”这件“难事”郑渭泉先生做到了。

1982 年，郑渭泉先生光荣退休回家乡定居，这时已经步入晚年的他对家乡父老的感情和对家乡公益事业的关心却有增无减，成年累月劳心劳神，忙忙碌碌。他义务担任三星小学（即团结小学）校外辅导员，经常为师生们讲课，常常买些办公用品、学习用品送给学校。每逢儿童节，他总要带上礼品去慰问困难学生，奖励优秀学生。他常常为全市各中小学捐款献书。特别在扬中造大桥、造大道、修江堤和建造太平寺的过程中，郑渭泉先生不仅自己捐款，还收集大量的《扬中日报》，把有关消息寄往在外地工作的亲朋好友，并附上一段话，动员大家多多捐款，努力支持家乡建设。更难能可贵的是，他始终坚持看书学习，眼镜不管用了就用放大镜。2003 年他被评为《扬中日报》“金牌读者”。他常常与老友交流学习心得，写诗作词以抒心胸。“美在心灵无限乐，德为公众自然欢”，用友人送给他的这副对联来形容郑渭泉先生，真可谓恰如其分。

郑渭泉生活极其俭朴，不抽烟、不喝酒、不打牌，平时吃饭如果剩下一碗半碗总要留到下一顿再吃，即使馊了也不肯倒掉。他起早带晚与老伴把自种蔬菜卖掉补贴日常开销，上街或走亲访友时舍不得乘车。但只要一听到谁有了难以解决的困难，他便会毫不犹豫地伸出援助之手。八桥中学学生金乔虹突患重病无钱医治，他寄去300元，并附了一封热情洋溢的信，勉励金乔虹鼓足勇气战胜病魔。受到郑渭泉先生捐助的还有遭遇厄运的陶小平及景建中、姚成等中小学贫困学生。对于有些处在困境中面临辍学的学生，他甚至步行十多里路送上钱物，与他们亲切长谈，勉励他们克服困难，坚持学习，为将来建设祖国学好本领。这还不算，隔一段时间，他还要再次登门探望，看其身体好了没有，上学了没有，思想上还有什么疙瘩，经济上能否过得去，还有什么难以解决的困难，等等。

每当提起在自己的关心帮助下解决了困难的小朋友重返学校的情景，郑渭泉先生就打心眼里高兴，也激起他关注弱势人群、关心慈善事业的更大热情。

谁也不会忘记，儿女们为郑渭泉买的滋补品，老人一口未尝就送给了体弱多病的乡亲；远在上海的子孙千里迢迢来看望他，留下 500 元或 1000 元孝敬他，他转手就捐给了贫困家庭或公益事业；两个干女儿为他祝寿送的新大衣新皮鞋，他一次没穿就送给了孤寡老人……就在他 92 岁高龄身体状况极差、不得不住进老年公寓的时候，还一再叮嘱儿子们代他继续向慈善机构捐款。

俗话说，世界上没有无缘无故的恨，也没有无缘无故的爱。凡了解郑渭泉先生的人都知道，郑渭泉先生一生之所以能这么执着地、无私地、不间断地为家乡、为人民、为社会奉献，都源于他对中国共产党无比深厚的感情。他经常说旧中国千疮百孔，任外国列强宰割，人民生活在水深火热之中，只有中国共产党才是中国的大救星，才是人民心中的红太阳，只有生活在新社会，才会感受到尧天舜日。因此，他始终听党的话，处处维护党的利益，想方设法为党和人民做有益的事。

1947 年他回家探亲，一到三茅街听说扬中著名的爱国人士祝尧山被国民党逮捕，关在三茅西街的戏楼里，他立刻产生了营救的念头。由于自己势单力薄，他立即返回上海，请扬中旅沪同乡会会长徐中和出面，成功营救祝尧山。不久，祝尧山又遭国民党追捕逃到上海，郑渭泉先生不仅妥善安排他的生活，而且约请其他旅沪扬中人共同保障他的安全。同一年，扬中县县长施光前的秘书朱思龙和三茅镇镇长王庆样在上海被国民党逮捕关在常州的奔牛，郑渭泉先生不惜重金打通关节，并派既胆大又富于口才的弟弟郑玉良以旅沪同乡会的名义前往奔牛，成功营救了二人。三年困难时期，他每月节省一斤粮票，每年节省三尺布票上缴国家，同时响应政府的号召，把工资从每月 117 元降到 65 元，以减轻国家负担。正式办了退休手续以后，他自愿留厂义务劳动两年，获上海针织九厂颁发的“义务劳动光荣”的证书。他青年时期与爱国华侨凌云超，以及长期旅台的陆锦堂、姚俊之先生交往密切，建立了深厚的友谊。党的十一届三中全会后，他们又恢复了联系，相互谈古说今，讨论时事，为祖国的统一大业耗尽了华夏儿女的一份心血。

对于郑渭泉先生几十年如一日舍己为人、尽力为家乡为社会作贡献的精神，党和政府给予了充分肯定和高度评价。新中国成立初期，扬中县各界人士代表会议特聘郑渭泉先生与其弟郑玉良为特邀代表，并请他们在大会上发言。县人民政府还吸收他为扬中县生产救灾委员会委员。陈忠廉、瞿彩云、李名方等历届县市领导都曾登门看望过他，有的还作诗题词对他进行褒奖。《扬中日报》，扬中电台、电视台，以及镇江电视台、《镇江日报》等媒体经常对他进行宣传报道。2006 年 8 月，扬中市人大常委会原主任、慈善总会会长瞿彩云在慈善总会第一届理事会工作报告中，把郑渭泉及其善举作为重点内容介绍；同年，三茅镇党委、政府授予他“十佳乐于奉献老人”的光荣称号。

郑渭泉先生对别人是那样的热情、慷慨，对子女的要求却十分严格，甚至达到了苛刻的程度，不给零花钱，禁止吃零食，不讲究吃饭和穿衣。有一次，在扬中县中读书的儿子郑叔裔回家委屈地说：“同学们都笑话我，说我还是个老板的儿子呢，穿的衣服很不合身，还补丁摞补丁。”郑渭泉严肃地说：“不管什么出身，艰苦朴素、勤俭节约的本质不能变，这是光荣的，你不要管别人怎么说。”他要求子女勤奋学习、努力进取、温良谦恭、诚恳待人。在郑渭泉的言传身教与严格要求下，子女们个个都有作为、事业有成。特别是他的长孙，在党的教育培养下，入了党，现在在中共江苏省纪律检查委员会工作。

郑渭泉先生没有给子孙留下任何物质财富，但他留给子孙的精神财富却是非常宝贵和丰富的。

2007 年 1 月 22 日上午 10 时 10 分，郑渭泉先生因年老多病，医治无效，不幸逝世。噩耗传出，江洲上下一片悲痛，除了他的亲朋好友，机关、学校，特别是兴华村、团结村的广大干部群众，纷纷前来吊唁。离休干部张选龙和老教师张岭秀、张纪龙共同撰联为他致哀：乐善好施，岛上誉声传佳话；德高望重，人间痛陨老寿星。

（原载扬中市政协文史委员会编辑的《岛园春秋》）

第二节 百姓知音 优秀工匠

——追忆父亲施正春

施大桥

1927年农历正月二十，父亲施正春出生在今八桥镇战胜村紧靠长江边的一个贫苦农民家庭，离玉皇庙不远。当时，那里的沿江地带，常常发生坍江险情。到20世纪40年代，名闻遐迩的玉带沙也被滔滔江水吞没。为防不测，爷爷奶奶就带着我的父亲、叔叔和两个姑姑，举家迁至板儿沙（今属兴华村的生字圩）垦荒种田。爷爷十分重视耕读传家，尽管家庭不富裕，但千方百计让父亲读了几年书，受到中国传统文化和传统美德的熏陶，成为一个勤劳俭朴、忠厚善良、知书达理、为人正直的人。

父亲 16 岁那年开始拜师学艺，从事木工，由于勤奋好学，手艺颇为精湛，深得师父和主家好评。

1949 年 4 月，扬中解放。1950 年，父亲积极参加土地改革运动，斗地主分田地，还加入了中国共产党。

1955 年，生字圩初级社（即板沙乡 1 社）成立，父亲当选为社长。他带领社员苦干巧干，当年的粮食生产就获得了丰收。这一年，他通过自学和实践掌握了耕田技术，成为一名耕田犁地的好把式。

1956 年，指南高级社成立，他当选为指南高级社主任。

1958 年，人民公社成立，他调任三茅公社板沙管理区党支部书记。

1962 年，他被调回本村，任团结大队（今兴华村 1—9 组）党支部书记。在任三年期间，我家所在的第 5 生产队 60 多亩田，一年两季全部是他起早带晚，扶着犁梢，吆喝着耕牛，一步一步向前耕翻的。人们都亲切地喊他是“扶犁梢的书记”。

密切联系群众，关心群众生活，是父亲最大的特点。记得每年正月初一的早晨，他总要戴一顶干净的旧帽子，着一身褪色的中山装，穿一双普通的球鞋，跑遍整个大队，走进家家户户，向群众拜年。那互相祝贺的话语、亲密无间的干群关系、人民公仆的形象，永远留在人们的记忆中。

村民李全中生前曾回忆，1963 年春，青黄不接，家里口粮短缺。一天大清早，他到施支书家求助，施支书热情接待，先盛了一碗粥给他吃，然后到房间里把自己的一张有 30 斤稻计划的粮证送给了他，还安慰了几句。李全中含着感激的泪水，一路跑回了家。

退休干部徐子龙回忆说，施正春实在是个大好人，当年，他家一贫如洗，是施正春帮忙让他有机会参加工作，并成了一名国家干部。

1965 年秋天，父亲积极响应党的号召，远离家乡，远离亲人，奔赴四川省江油县参加以彭德怀同志为总指挥的祖国三线建设。出发时，他被扬中县人民政府指定为扬中县的总领队。

父亲所在的单位在四川江油属后勤部队编制。他一干就是 14 个年头，无怨无悔。1979 年，他又奉调北上，前往辽宁鞍山。他对儿女说："祖国需要的地方，就是我工作奉献的家乡。"

无论在江油还是在鞍山，父亲都忠于党、忠于职守、不忘初心，勤奋工作，始终如一。他对木工技术精益求精，有他参与修建的厂房质量可靠，搭建的工棚扎实牢固，为工人打造的桌椅、床铺精致美观，连榫头也没有丝毫的缝隙，充分展示了一个大国优秀工匠的精神，无愧于共产党员的光荣称号。

1983 年，父亲转业到扬中工作，1984 年光荣退休。2003 年中秋节那天，正当万家团圆的时候，父亲因病去世，永远离开了我们，享年 76 岁。

第三节　一生交给党安排

——缅怀父亲潘圣龙

潘清明

父亲潘圣龙于 1931 年 11 月出生在三茅街道原东升村一个贫苦家庭，后随祖父迁至二墩港附近的三星圩生活。新中国成立前，由于家境困难，他在三星圩私塾只读了两年书，但由于聪颖好学，实际水平已达到高小。新中国成立初期，他曾去上海谋生。

1955 年，扬中掀起农业合作化高潮，父亲毅然回乡参加工作。1956 年，指南高级社成立，父亲当选为副主任，不久加入中国共产党。

1958 年 10 月 26 日，扬中成立人民公社，父亲被任命为三茅公社兴华村管理区党支部书记。

1962年，兴华管理区分为团结、兴华两个大队，施正春同志任团结大队党支部书记，父亲任大队主任，两人成为黄金搭档，共同战斗了近4个年头，后来又结成亲家，被传为佳话。

1966年2月，鉴于兴华大队领导班子不健全，中共扬中县委组织部任命父亲为兴华大队党支部书记，直至1971年。

父亲工作能力强，办事点子多，使很多难以解决的问题都能迎刃而解。党组织和上级领导十分信任他，哪里最需要就派他到哪里去。他坚决服从、尽责担当、不辱使命。他说："自己是党培养的，自己的一生应该服从党的安排。"

1965年，在农村社会主义教育运动中，父亲曾任建中、中林两个大队的工作组组长。

1972年开始，任扬中县缫丝厂党支部书记。

1973年，任大众公社医院工作组组长。

1977—1980年，任中桥大队党支部书记。

1982—1983年，任三茅公社砖瓦厂厂长。

1983年9月，父亲光荣退休，圆满实践了"一生交给党安排"的诺言。

2002年5月18日，父亲因病医治无效，不幸去世，走到了人生的终点站。

第四节　肖文开先生行略

奚彩屏

肖文开先生，三茅街道兴华村 13 组人，出生于 1926 年农历正月初四。肖先生自幼聪颖，书生仪表。凡诗词文赋，能读后成诵，属同龄中的翘楚。他一生谦虚谨慎，诚实守信做人。

肖先生不仅算盘打得好，而且写得一手好字，17 岁时，便被杜三看中，聘为账房先生。后从父母之命辞职完婚，一直在家务农。

然先生一技之长能为乡邻服务，为乡邻们所敬仰。原村会计秦德本、13 组会计杨文才等人的珠算都是先生教授的。

先生书法精湛，就连知名教师刘德林也常与先生切磋，并自谦不如。先生对好学者毫无保留，总是热心传授。每逢春节，左邻右舍总会买好红纸送至先生处，请先生为其书写春联。先生总会根据每户不同情况和政治形势给各户题写满意的春联。例如这家是军属，先生会写“光荣子弟人人敬，英雄人家个个夸”；

这家今年娶了新媳妇，先生会写“志同道合鸳鸯比翼，意厚情长龙凤呈祥”；如果这户有年长者，先生则会送上“子敬孙贤福如东海，身强体壮寿比南山”。20 世纪 60 年代，他曾为我家写了一副门联“雄关漫道真如铁，而今迈步从头越”，笔力遒劲，字迹清秀。

先生还有一技之长，即养蚕。由于先生心灵手巧，被聘请到副业组担任养蚕技术员。养蚕看似一件轻活，其实不然。蚕宝宝从蚕蛹中出来以后，十分娇贵，既要保温，又要防止老鼠等天敌偷食，往往要养在蚊帐内，还要适当升温。古人说得好：“小孩要常洗，蚕子要常起（即不断更换蚕吃过的叶渣和蚕粪）。”一个晚上要喂好几次桑叶。因此，养蚕人曾留下一句谚语：“养蚕是四十二天哄财，累死没有钱买棺材。”养蚕的辛苦可想而知。因春天养蚕，晚上气温低，时间一长，先生患上了严重的胃病。但自从先生担任副业组养蚕技术员，直到副业组停办，从未发生大规模蚕病，产茧量在同行业中一直领先，先生为兴华村的经济做出了一定的贡献。

改革开放以后，我在兴华村工作期间，很想为先生安排一个适当的工作，发挥先生的一技之长。可当时兴华村还是以农业为主，一直没有适合先生的工作。后先生由外甥安排在南京某建筑工地看守工地。1986

年，先生因胃病突发，不幸离世，客死他乡，享年61岁。

第五节　群英补遗

奚彩屏

倪正清　祖籍原三滘乡。新中国成立后定居兴华村13组，中共党员，1938年在丹阳访仙桥参加管文蔚组织的抗日自卫队。1939年，该自卫队在今丹徒区高桥镇改编为新四军，倪正清任新四军后方医院司务长。新中国成立后，因年老，由粟裕签署命令，按排级干部复员回乡。回乡后积极参加地方建设，支持地方工作。20世纪70年代，享受政府固定生活补助，直至去世。

朱由瑞　兴华村16组人，中共党员。1942年随新四军北撤，后在解放战争中牺牲。

顾万年（又名顾发元）　兴华村17组人。早年参加新四军，曾参加黄桥战役。先后任班长、排长、连长、师后勤部副团长。新中国成立后，复员回乡，受文化水平限制，经政府安排长期在代销店工作。

朱三小　兴华村10组人。抗日战争时期，参加抗日民主政府的民兵组织，在二墩港站岗放哨时，被日伪军杀害。

许阿山　兴华村14组人。参加抗美援朝战争，壮烈牺牲，被追认为烈士。

祝明道　祖籍原三溍乡。参加抗美援朝战争，任部队饲养员，停战后复员回乡。定居兴华村18组。年老后，享受政府定期生活补助。

张明龙　兴华村11组人。新中国成立后，参加中国人民志愿军，开赴抗美援朝前线，停战后，复员回乡。历任初级社社长、党支部召集人等职。

兴华村大事记

清末民初

新滩（板儿沙）形成，兴华地域始定（二墩港和三墩港之间）。

1928 年

村落形成，保甲制确定。生字圩、泰小圩、新圩、厚字圩编入第 2 保，百姓圩（永胜圩）、三星圩、母字圩（老圩)、才字圩、吴家圩编入第 3 保。隶属三茅区北固乡。

1934 年

兴华隶属新坝区署北固乡。

1935 年

洪康燮主政扬中，在兴华 18 组前夹江筑东大坝，将兴华和老洲连在一起，结束了兴华人上三茅要摆渡的历史。同时浚深二墩港；港口延至今兴华村 1 组。

1938 年

2 月 8 日，汉奸郭葆鑫带领日军 100 多人在二墩港登陆侵犯扬中。

2月11日，小股日军从二墩港登陆，直窜三茅镇骚扰。

1939年

4月中旬，陈毅同志首次从苏南经扬中二墩港（兴华村境内）北渡长江，并赋诗一首，把扬中誉为“长江跳板”。

1942年

中元节，抗日民主政府军事助理王渊鉴带领民兵袭击二墩港日伪据点。

8月28日，王龙率警卫营一部袭击二墩港日伪据点，炸毁敌汽艇1艘。

1945年

5月25日，苏中第五军分区司令员韦永义率2个连攻入三茅镇，活捉伪县长章谋，并乘胜向二墩港进军，拿下敌据点。

7月15日，伪县长郭占祺和强占三茅镇的日伪军经二墩港向苏北逃窜，扬中全境光复。

1947年

兴华地区隶属三茅区北屏乡。

1949年

1月，蒋介石政府经营长江防线，妄图阻止中国人民解放军渡江南下，国民党军汤恩伯部121团驻军兴华二墩港，其中卫生连连部设在三星圩。

4 月 22 日，兴华地区解放。

7—8 月，兴华地区遭受水灾。

1950 年

1 月 5 日，根据扬中县人民政府规定，兴华地区废除保甲制，改建村组制。

是年，兴华地区实行土地改革，按《中华人民共和国土地改革法》划分阶级成份（主要分地主、富农、中农和贫农），分配土地，并颁发土地证。

1951 年

扬中县人民政府发动群众围垦团结圩（今兴华村 3—4 组），造田 200 多亩。

1952 年

郑渭泉先生捐资创办的三星小学瓦屋校舍全部落成，经上级批准，成为全日制公办完全小学。

1953 年

各村一律改成选区，兴华地区响应市政府号召实行统购统销，动员群众卖余粮。

1954 年

兴华地区普遍成立互助组。

是年夏，兴华地区遭受水灾。

1955年

兴华地区普遍成立初级社。

1956年

今兴华（1—9组）成立的初级社并入指南高级社。

1958年

三茅人民公社成立。

1959年

三茅公社兴华管理区成立，辖今兴华村（1—18组）。

1960年

7月18日，兴华遭受强台风袭击，三星圩公共食堂8间房屋倒塌，致社员1名死亡，伤1人。今13组和14组食堂倒塌，致2人死亡。

1959—1961年

兴华遭受连续3年经济困难，群众的生活十分艰苦，很多人患有浮肿病。

1962年

兴华管理区分为团结和兴华2个大队。

1964年

社教工作组进驻兴华、团结开展社会主义教育运动。

1966年

8月底，“文化大革命”风暴席卷团结、兴华。

1970 年

二墩港大闸在兴华村 9 组港段建成。

是年，农业学大寨开始。推广三熟制，种植双季稻。

1981 年

兴华 7 组村民朱康习成为兴华第 1 个万元户，当选为扬中县第 8 届人大代表。

1982 年

兴华村实行联产承包责任制。

1983 年

正式分田到户。

1984 年

兴华农业生产恢复两熟制。

是年，永胜圩、高照圩改种棉花，历时 3 年。

1992 年

12 月，扬高汽渡在兴华 1 组江边举行奠基礼，副县长郭朝书讲话，1994 年 6 月 18 日建成通航。

1994 年

1 月 2 日，南京长江油运公司大庆 423 油轮在兴华村 4 组江畔被撞，起火爆炸沉没。

1996 年

全村根据农业人口对农户承包地和口粮田做重大调整。

是年，原团结村三层办公楼建成。

1997 年

8 月，扬中职教中心、电大分校从市区绿杨路迁至兴华村。

1998 年

8 月，兴华村开展土地经营权二轮承包及发证工作，承包期 30 年不变。

2000 年

7 月 1 日，扬中市第二水厂（即今金州水务有限公司）在兴华村 3—4 组建成，投产供水。

2001 年

团结、兴华两村合并重组兴华村。

是年，村企工会成立。

2002 年

台湾资深集团董事长左淑慎女士到扬中考察，于 7 月签订协议，在兴华村创办江洲职业技术学院；2003 年 8 月，经省教育厅批准更名为金山职业技术学院。

2003 年

4 月，二墩港闸站在兴华 9 组港段距老闸 220 米处建成。

10 月 28 日，扬中环岛公路竣工，通车典礼在兴华二墩港边举行，扬中市委书记宦祥保讲话。

2004 年

8 月，金山职业技术学院建成，9 月面向省内外招生。

2006 年

兴华村根据国家规定，全面取消农业税。

2007 年

兴华村投资 200 多万元，在 10 组地界征地 2 亩，建成现代化的三层村办公大楼，总建筑面积达 1500 平方米，结束了村干部游击办公的历史。

2009 年

6 月 9 日，兴华村新建的卫生服务室竣工并正式接诊，是当时三茅街道设施最好的卫生室之一。

2012 年

南方矿用集团新厂区在兴华建成，占地面积 30 多亩，建筑面积达 1.5 万平方米。

6 月 8 日，中扬公交公司停靠兴华 5 站的 309 公交车通车。

2015 年

8 月底，扬中市第二高级中学正式迁至兴华村。

2016 年

兴华村建成 6 层高的工业办公大楼，楼顶有“天净中保电气”和“扬中恒瑞金属”12个大字，大楼成为兴华村标志性建筑。

是年，扬中、江洲两大钢材市场落户兴华，开始运营。

8月20日，金山学院至公交总站的105公交车通车。

2017年

10月，三茅诗词分会组织诗友到兴华村采风，并编写成《三茅诗词·兴华专辑》。

12月，市书画协会到兴华村采风，现场吟诗作画。

2018年

兴华村境内、兴锦线（中扬公交命名）路段拓宽改造工程竣工。

6月27日，兴华村举办“颂歌献给党”庆祝建党97周年暨文化共建文艺晚会，现场表彰一批五好文明家庭、优秀共产党员、优秀村民代表。

7月，兴华村校外辅导站组织学生前往茅山，参观新四军纪念馆。

是年夏，G523大中修工程项目部办公室设在兴华村，对231省道进行大修，竣工后，改为G523国道。

9月23日上午，施瑞华教授工作站直肠癌筛查启动仪式在兴华社区广场隆重举行。

10月，兴华村2号居民点“五水联治”工程开始实施；兴华村推行村务卡，实行村级财务工作非现金结算。

12月，兴华村乡贤会成立，袁立清为会长，郑叔裔、徐红根、高国庆为副会长，陈菊英为秘书长。理事有杨淑静、朱秀才、顾永生、陈平生、刘纪才、刘纪宏、顾祥坤、陈路生、施大桥、朱小纪。

2019年

2—3月，先后成立兴华村农村第一党支部、农村第二党支部、企业联合党支部。

4月，组织党员参观渡江文化园。

6月，组织部分党员参观扬中市党性锤炼基地。

6月，办公大楼重新挂牌“兴华村党群服务中心”“兴华村新时代文明实践站”。一楼有接待室、小会议室和服务大厅；二楼有村“两委”办公室、会议室和档案室等；三楼有道德讲堂、法治讲堂、大会议室，还有乡贤会议室。

7月，兴华村校外辅导站组织学生前往淮安，参观周恩来纪念馆。

8月26日，兴华村举办“张慧同志赴宁捐赠造血干细胞”欢送仪式。

9月，兴华村举办“美丽兴华　健康共享”庆祝中华人民共和国成立70周年暨第三届“美丽兴华人”表彰大会，表彰五十佳。

10月，兴华村争创镇江市美丽宜居村庄；组织全体党员参观扬中市党性锤炼基地，进一步增强党性认识。

2020年

1月25日至4月底，武汉及全国各地包括扬中周边地区发生了新型冠状病毒疫情，形势严峻。村“两委”坚决响应党中央号召，加强疫情防控，除大力宣传防控知识外，对所有村民小组和居民点采取封闭式管理。

3月12日下午，扬中市委书记殷敏、市长张德军、市人大常委会主任冯锦跃、市政协主席施健华等市“四套班子”领导到兴华村二水厂区域退耕还林项目地块参加植树活动，共建绿色生态家园。

3月下旬，按照建强党小组的要求，兴华村党委重新划分9个党小组，选出中心户、选派联络员，加强党小组的管理。

8月25日，根据扬中市委巡察工作统一部署，扬中市委第三巡察组进驻兴华村开展巡察。

12月16日，始发站为兴华村境内的金山学院、终点站为大港南站（高铁）的扬中至大港Y002路公交班线正式开通。

12 月，兴华村党委进行换届选举。

2021 年

1 月 30 日，兴华村进行第十二届村民委员会换届选举，选举产生新一届村委班子成员。

2 月 2 日，扬中市扩大核酸检测应急演练在兴华村举行。

12 月 10 日，兴华村袁立清当选扬中市第十八届人大代表。

后　记

自兴华村有史以来，人民群众历经沧桑和磨难，越过漫道和雄关，艰苦创业，功德无量。兴华人满怀过站起来的喜悦，饱尝着富起来的甜蜜，进而萌发了强起来的自豪。

进入新时代，恰逢盛世，编史修志，蔚然成风。在习近平新时代中国特色社会主义思想的感召下，2019 年 10 月，耄耋老人郑叔裔和老干部奚彩屏主动向村“两委”请缨，愿在桑榆晚年，奉献余热，义务为兴华村编写一本文、史、志三者兼顾的书稿，宣传社会正能量，为兴华人民树立一座历史和现实的功德碑，存史、教化和育人，同时向中国共产党成立 100 周年献上一份珍贵的礼物。

村“两委”高度重视、全力支持，很快成立了由党委书记任主任、“两委”全体干部兼任委员的编辑委员会，下设材料、写作、打印、后勤 4 个小组。经多方征求意见，村“两委”讨论决定，把书名定为《美丽兴华》。

在编写《美丽兴华》的过程中，编辑人员尽责尽力，起早带晚，串门走户，走访调查，收集资料，精心安排，对涉及的人和事力求写得真实感人。但是兴华村至少有 120 年历史，首次编书，缺乏经验，加上过去的人和事的很多知情者已经作古，少数健在的年事已高、记忆模糊，给编写工作带来极大困难，更兼编者水平有限，以致书中的缺点错误在所难免，敬请广大读者和知情人谅解指正，待到《美丽兴华》续编时补充纠正。

《美丽兴华》在编写过程中得到扬中市史志办领导和郭洪智、石馥苓两位专家的关心指导。中国作家协会会员、扬中市文联原主席、著名作家范继平，以及扬中市教育局原副局长钱维亚、新坝镇党委宣传委员顾永生等同志也大力支持，热心赐稿。兴华村的老党员、老干部和部分村民代表亦提供了不少有关资料。

长江后浪推前浪，兴华掌舵有新人。2020 年 10 月，三茅街道办副主任林晓宁同志兼任兴华村党委书记三年期满，不再兼职。经换届选举和组织调动，莫兆祥和黄长军同志先后任党委书记和副书记，主持全面工作；丁基彬同志任村委会主任兼党委副书记。新一届“两委”很重视公益文化建设，特聘专家校对书稿，精心部署，准备在 2020 年年底出版，向建党 100 周年献礼，后因疫情等原因推迟，并对有关章节内容做了增删。

现在，在以黄长军同志和丁基彬同志为主要领导的新一届“两委”的直接领导下，在以袁立清为会长的乡贤会的大力支持下，《美丽兴华》一书终于问世，和广大读者见面，标志着兴华村从过去的贫困村历经农业大村，蝶变为企业强村，又开始向文化名村起步，可喜可贺！

编委会谨向关心支持《美丽兴华》编写的领导、专家和同志们表示诚挚的谢意，向热心赞助《美丽兴华》出版的乡贤和企业家致以特别谢意！具体名单如下：

袁立清 徐洪根 高国庆 朱秀才 朱纪云
朱 新 刘纪宏 郭俊伟 石冬林 陈平生
徐存洪 陈荣华 王兴华
（排名不分先后）

《美丽兴华》编委会
2022 年 10 月